Alleinerziehend? Deine große Chance!

Entdecke Dein neues Leben als E.V.E.
Endlich Voll Entspannt als Single Mom

ANJA DIECKMANN, SABINE STRELOW

Impressum:
E.V.E. EigenVerantwortlich Erziehen, Anja Dieckmann, Sabine Strelow,
Kurze Straße 7, 12167 Berlin, info@evesweb.de
www.evesweb.de

ISBN-10: 1515061264
ISBN-13: 978-1515061267

WIDMUNG

Allen Alleinerziehenden, die dank ihrer Kraft
Tag für Tag ein kleines Wunder für ihr Kind vollbringen.

INHALT

VORWORT DER AUTORINNEN

Dies ist unser erstes Buch. Kaum jemand kennt uns. Zumindest keine berühmte Person, die sonst an dieser Stelle etwas über die Autoren erzählen würde. Daher schreiben wir unser Vorwort einfach selbst.

Wir freuen uns, dass Du dieses Buch erworben hast und danken Dir für die Chance, Dir unsere Herzensbotschaft mitzuteilen.

Wir, das sind: Sabine, 47 Jahre, mit einem Sohn (19 Jahre) und einer Tochter (13 Jahre), seit über 5 Jahren „alleinerziehend", von Beruf Erzieherin und selbständig tätig mit eigener Kindertagespflegestelle. Und Anja, 44 Jahre, mit einer Tochter (14 Jahre), 7 Jahre „alleinerziehend" und inzwischen seit einem Jahr wieder mit Mann in einer glücklichen Patchwork-Beziehung, selbständig tätig im Immobilienbereich, als Feng Shui Beraterin und Coach.

Wie es der Zufall will, lernten wir zwei uns vor gut 13 Jahren auf dem Spielplatz irgendwo in Berlin kennen. Als alleinerziehende Mamas saßen wir beide im gleichen Boot und als Nachbarinnen unterstützten wir uns tatkräftig gegenseitig in unserem chaotischen (Berufs-)Alltag. Es entstand eine Art stabiles, flexibles Mini-Netzwerk.

Bei einem unserer typischen abendlichen Sessions am Küchentisch entstand bei einem Glas Wein die Idee zu E.V.E.:

Warum kämpfen eigentlich so viele alleinerziehende Mamas alleine? Warum nicht helfen? Warum nicht vernetzen? Warum nicht auch mal die Mama in den Vordergrund stellen und nicht immer nur die Kinder? Profitieren unsere Kinder nicht automatisch von einer glücklichen, gelassenen Mama?

Wir brachten alle erdenklichen Erlebnisse und ereignisreichen Momente einer alleinerziehenden Mutter zu Blatt. Wir sammelten stapelweise autobiografische Fetzen, geschrieben unterwegs am Spielplatz, im Betriebsklo, im Auto, im Wartezimmer des Kinderarztes. Heraus kam diese bunte Mischung aus Anekdoten und wertvollen Erfahrungen, die Du hier in Händen hältst. Dabei wechseln wir munter die Erzählperspektive, egal ob Sabines oder Anjas Geschichte, es könnte doch jede von uns betreffen. Angereichert haben wir das Ganze mit Tipps und praktischen Übungen, die Dein Leben sofort verbessern können, in jeder Hinsicht.

Und es reißt nicht ab, der Stoff geht einfach nicht aus. Dazu ist der Alltag als Alleinerziehende einfach zu intensiv. Das Leben schreibt einfach die besten Geschichten. Und E.V.E. ist nur eine davon. Wir wünschen Dir viel Spaß beim Lesen!

E.V.E. liegt uns am Herzen,

Anja und Sabine

1. ALLEINERZIEHEND ODER SCHON E.V.E.?

Wenn Du dieses Buch liest, sitzt Du vielleicht gerade inmitten eines Haufens nicht zusammengelegter Wäsche, es ist 22 Uhr, die Kinder schlafen endlich, der Fernseher dudelt irgendetwas über Rinderwahnsinn und Steuererhöhungen, Oma spricht im Hintergrund wieder mal auf den AB, während Du mit Hingabe versuchst, den letzten Funken mütterliche Kreativität beim Basteln des Adventskalenders für Deine Kinder aufzubringen, da morgen früh ja zufällig schon der 1. Dezember ist. In Deinem Parallelgehirn gehst zu zeitgleich die Liste der Dinge durch, die Dein Chef morgen auf der Arbeit dringend von Dir erwartet, pünktlich um 8 Uhr, frisch gestriegelt und gebügelt, in Pumps charmant wie immer.

Sollte das der Fall sein, oder eine ähnliche Situation, von der Du wahrscheinlich noch tausend andere aufzählen könntest, so sei Dir ganz sicher: Du bist nicht allein!!!

Es gibt nicht nur 1, 10 oder 100 andere Frauen, sondern Millionen, die Tag ein, Tag aus, genau dieses Schicksal mit Dir teilen und die ganz allein, genau wie Du, all diese Anforderungen hervorragend meistern. Denn in der Regel schaffst Du am Ende ja alles, wie auch immer, Deine Kinder haben ihren tollen Adventskalender, Du findest am Morgen ein Paar gleichfarbige Socken und Dein Chef ist mit Deiner Arbeit zufrieden. Verwundert über die Erledigung all der Dinge bist am meisten Du selbst. Durch Dein Multitasking bist Du natürlich in der Lage, neben all den genannten Beschäftigungen auch noch ein Buch zu lesen. Wie dieses hier...

Im Amtsdeutsch nennt man uns „alleinerziehend".

Alleinerziehend? Eine alleinerziehende Mutter?

Wer mag schon gern in den sauren Apfel beißen? Oder ist das überhaupt ein saurer Apfel? Eine Schublade voller Klischees wartet da auf uns… einmal drin, Klappe zu, Affe tot. Nein! Hör ich jetzt die Aufschreie, „ich doch nicht!" „Wat soll der Quatsch?"

Nun mal schön langsam... Wie sieht es denn aus mit uns Mädels? Lasst uns zunächst die Fakten betrachten.

Rund 48 % leben an der finanziellen Untergrenze. Wie viele fahren schon gar nicht einmal mehr in Urlaub oder haben inzwischen vergessen, wie man dieses Wort überhaupt schreibt? Unzählige leiden unter heftigen Rückenschmerzen, weil sie den finanziellen Druck, den fehlenden Urlaub und ja eben den Alltag mit ihren Kindern ohne irgendeine Hilfe physisch, psychisch und emotional stemmen müssen. Das sind die Fakten, soweit so gut. Schöne Realität. Schöne Schublade, die uns da aufgeschoben wurde.

Aber eben dieses Schubladendenken ist hierzulande doch weit verbreitet. Lauscht man bei Stammtischgesprächen unter Männern, Zitat „bei Alleinerziehenden geht doch immer was", gerät frau schon ins Grübeln. Hört man Berichte über kriminelle Jugendliche oder so genannte Schulversager und im Nebensatz den Kommentar, „naja kein Wunder, Trennungskinder", dann rutscht das Herz der alleinerziehenden Supermom schon mal in die Hose.

Das soll alles sein? Fragen wir uns da. Hallo, geht's noch? Wir haben das wirklich alles satt. Wir wollen Spaß am Leben und uns ebenso wie andere entspannen, Urlaube genießen, 'nen neuen

Haarschnitt vom Frisör und nicht von der Nachbarin, mit Freundinnen ausgehen und vom Traummann den Martini an der Bar gereicht bekommen, während unser Kind wohlbehütet zuhause den Schlaf der Seligen schläft…

Wo ist der große Schubladenaufzieher, der uns da rausholt? Ja wo ist er denn? Weil wir so gut darin sind, alles ohnehin alleine zu tun, tun wir's eben selbst. Wir öffnen diese nervende Schublade und holen uns da eben selbst raus. Und ihr Lieben da draußen, zieht euch schon mal warm an!

Ein Heer von Müttern, Millionen von Frauen wie Du und ich wollen mehr vom Leben! Glück, Genuss und Glühwein. Und natürlich auch Kohle, Karibik und 'nen Kerl. Oder halt Stopp, fangen wir doch ganz bescheiden an, wie wäre es für den Anfang einfach mit Entspannung und Ruhe? Klingt zauberhaft, nicht wahr? Dann wären da auch noch die magischen vier Buchstaben: S – O – F – A. Mmmm das zergeht auf der Zunge. Ganz in Ruhe.

Jetzt mal im Ernst. Wer hat sein Sofa in den letzten Tagen mal mehr als zwei Stunden ohne Kind und Kegel unter seinem entzückenden Gesäß in entspanntem Zustand gefühlt? Das ist wahrer Luxus, Leute. So sieht's aus. Und wenn wir sehen, wie vielen Frauen es ebenso geht, nervt es uns langsam gewaltig, dass wir immer noch als „allein"-erziehend ins gesellschaftliche Abseits gestellt werden.

Wir, das waren zum Beispiel 2011 schon allein in Deutschland, Österreich und der Schweiz insgesamt rund 1.800.000 Frauen. Also 1,8 Millionen. Das entspricht der Einwohnerzahl einer Großstadt wie Hamburg. In Deutschland und Österreich sind es inzwischen rund 1,75 Millionen Frauen und in der Schweiz leben 2013 insgesamt 166.900 alleinerziehende Mütter. Und sehen wir uns doch mal um: Es werden Jahr um Jahr mehr von uns. Der Anstieg ist enorm. Auch das ist Realität.

Das heißt wir sind nicht allein! Nein, wir sind eine Masse, die in unserer Gesellschaft laufend wächst und dabei konstant am Limit lebt: körperlich, nervlich und finanziell. Das muss sich ändern. Wir haben keine Lust mehr drauf. Auch wenn 48 % der alleinerziehenden Frauen am finanziellen Abgrund stehen, dann sind doch immerhin 52 % der Frauen finanziell in der Lage, ihr Leben mit Kindern gut zu meistern. Das ist nach Adam Ries(e) mehr als die Hälfte. Und das macht uns schon mal Mut.

Wir sitzen im Endeffekt doch alle in einem Boot. Wir sind nicht allein. Daher wollen wir ab sofort auch ein für allemal aus dieser „Alleinerziehenden"-Kiste raus und die Dinge selbst in die Hand nehmen. Ab sofort sind wir...

EigenVerantwortlich Erziehend = E.V.E.

und E.V.E.s sind anders!

Wir sind gesund, wach, fit, gelassen, entspannt, ausgeschlafen und ausgelassen, humorvoll, sexy, begehrenswert, liebevoll, beliebt, geliebt und garantiert der Traum eines jeden Mannes.

Wir sind Unikate. Ein Bild von Frau. Ein Vorbild für unsere Kinder.

Das ist kein Traum.

Bist Du auch eine E.V.E.? Oder wirst Du bald eine sein? Wie gesagt, von unserer Spezies gibt es sage und schreibe eine Million achthunderttausend allein in deutschsprachigen Breiten.

Gemeinsam sind wir stark.

Wir haben klare Ziele. Wir wollen Entspannung, Freiheit, Gesundheit, Glück, ein erfülltes Leben, glückliche Kinder, Unabhängigkeit, Spaß, Gelassenheit, Geld, den Traummann, Urlaub und den Traumjob.

E.V.E.s lachen was das Zeug hält und stehen nicht mehr im Schatten der Gesellschaft. Wir stehen mittendrin, Mädels. Vielleicht gerade noch am Rande des Nervenzusammenbruchs, aber immerhin kann auch das Leben am Limit amüsant sein. Muss ja so sein, sonst wären wir alle schon verrückt geworden.

Jede noch so kleine Veränderung hin zum Positiven stellt die Weichen für ein besseres Leben als E.V.E. Für mehr Lebensqualität und mehr Genuss. Es ist höchste Zeit.

Und es kommt noch besser: Gemeinsam klappt es viel schneller und ganz sicher. Also lass uns loslegen. Wir beweisen es uns selbst, wir beschweren uns über niemanden da draußen. Wir sind vielmehr in unserem gesamten Handeln in jeder Hinsicht eigenverantwortlich. „Ja wir schaffen das!" Wenn Bob das schafft, schaffen wir das schon lange.

Was uns nicht umhaut, macht uns nur stärker. Wir haben die Schnauze voll. Adieu Schubladen! Wir drehen den Spieß um und wissen ab sofort genau, was wir wollen. Mütter gehen auf die

Barrikaden. Wir E.V.E.s haben es satt, Mitleid zu erhalten. Wir wollen bewundert und respektiert werden und endlich unseren Spaß. E.V.E.s sind stark, cool und tiefenentspannt.

E.V.E.s sind all die Frauen, die jeden Tag aufs Neue ihr Leben und das ihrer Kinder managen, mit allem was so dazu gehört. Von uns gibt es so viele und sieht man sich unsere Gesellschaft an, werden es auch immer mehr. Natürlich ist es schön, sein Leben mit jemandem zu teilen und Verantwortung auch abgeben zu können. Aber solange wir als E.V.E. leben, wollen wir uns gegenseitig stärken und unser Leben positiv gestalten.

Jetzt denkst Du vielleicht, na, die haben ja gut reden, die haben wahrscheinlich Geld, 'nen guten Job, nette Ex-Männer und alles was man/frau sonst so braucht. Leider ist nichts an alledem, wir kämpfen uns genauso durch den Alltag wie Du auch.

Wir haben von der Idee, ein Buch zu schreiben bis zur Umsetzung ewig gebraucht und uns immer neue Termine gesetzt und das bestimmt nicht, weil wir gerade keine Lust hatten, mit unserer Idee weiterzukommen. Nein, es kamen immer wieder neue kleine bis größere Notfälle dazwischen, die es einfach nicht zuließen, kreativ weiterzuarbeiten. Manchmal kamen auch Zweifel auf. Wie kommen wir eigentlich dazu, anderen Frauen Tipps geben zu wollen, wenn wir uns selbst oft am Rande des täglichen Wahnsinns befinden. Trotzdem wollten wir unbedingt weitermachen und motivierten uns gegenseitig.

Wir möchten die wunderbaren und aufregenden Erfahrungen, die wir gemacht haben, mit möglichst vielen E.V.E.s teilen. Mit diesem Buch wollen wir Dir Mut machen. Du bist nicht allein, so viele Frauen leben so wie Du. Werde Dir bewusst, wie viel Du in Deinem bisherigen Leben schon geschafft hast. Uns ist wichtig, dass Du erkennst, wie wertvoll das ist, was Du bislang gemeistert hast. Und wie wichtig es außerdem ist, dass Du all das selbst wertschätzen lernst. Eine gesunde Wertschätzung Dir selbst gegenüber wirkt wie ein Startschuss auf dem Weg zu wunderbaren Veränderungen. Und damit der Weg dorthin auch Spaß macht, möchten wir Dir das für uns Wichtigste ans Herz legen:

Nimm's mit Humor!

Über den täglichen Wahnsinn kann man manchmal einfach nur noch lachen. Was bleibt einem denn sonst? Schaffst Du es, über Dich selbst zu lachen, bist Du auf dem Weg zur Meisterschaft. Lachen bringt uns zum Strahlen, trotz all der Querelen. Und selbst im größten Chaos steckt immer etwas, das sich irgendwann später einmal für uns als positiv entpuppen wird!

Warum sich unser Buch nur an Frauen richtet? Fragst Du vielleicht. Wo bleibt denn die Gleichberechtigung? Ich sage Dir „Zum Teufel mit der Gleichberechtigung". Jeder alleinerziehende Mann ist doch ein Superstar. Egal, wo er auftaucht, wird er bemitleidet, wird ihm spontan Hilfe angeboten, wird er bewundert - „Ach dieser tolle Mann schafft das alles ohne Frau und kuck doch mal, wie gut er das alles schafft." Er ist attraktiv und auf jedem Spielplatz der umgarnte Hahn im Korb. Sollte er auch noch nebenbei einer Arbeit nachgehen, wird es bestimmt nicht an netten Arbeitskolleginnen mangeln, die ihm die eine oder andere Aufgabe abnehmen. Dieser tolle Superhecht spart natürlich nicht an ständigen Kommentaren, was er so alles meistern muss und wie arm er doch dran ist. Klingt vielleicht übertrieben, oder doch nicht?

Tja, nun kommen wir doch mal zu unsereins: Wir trauen uns im Bewerbungsgespräch doch kaum unsere Kinder zu erwähnen, am liebsten würden wir sie gänzlich unterschlagen, da dies aber nicht geht, versichern wir ausdrücklich wie selbständig unser 3-jähriger Sohn doch schon ist und wäre er schon etwas größer, würde er sogar schon vom Kindergarten allein nach Haus gehen, aber leider kommt er noch nicht ganz ans Türschloss ran, bestimmt aber schafft er es innerhalb der nächsten drei Wochen. Unsere Kinder werden mit

Sicherheit nie krank, falls es doch mal vorkommen sollte, haben wir natürlich ein Heer von Babysittern zur Verfügung und ganz im Vertrauen sind wir inzwischen schon sterilisiert, damit bloß keine weiteren Unannehmlichkeiten für den Arbeitgeber entstehen. Als Ausgleich für den hohen Risikofaktor, den wir ja ohne Frage darstellen, bieten wir gerne an, 500 EUR weniger zu verdienen als ein gleich qualifizierter männlicher Bewerber. Sollte das nicht reichen, würden wir auch auf keine Gehaltserhöhung in den nächsten 20 Jahren pochen.

Wir schreiben über und für Frauen, weil wir selbst welche sind und die Erfahrungen als EVE authentisch wiedergeben und nachfühlen können. Ein alleinerziehender Mann ist natürlich mit vielen ähnlichen Herausforderungen im Alltag konfrontiert wie wir, doch seine Seelenwelt als Mann werden wir als weibliche Wesen wohl niemals so verstehen, dass wir es uns erlauben würden, an dieser Stelle darüber zu schreiben...

Ein Kompliment an all die erfolgreich allein erziehenden Väter da draußen. Seht es uns bitte nach, dass wir uns hier im weiblichen Revier tummeln und uns im Folgenden nur an alleinerziehende Mütter wenden.

2. E.V.E.S WOLLEN ENTSPANNUNG, SPASS UND VIELES MEHR

E.V.E.s gibt es Millionen. Doch die meisten kämpfen sich allein oder in ihrem näheren Umfeld fast allein durch den Alltag. Wir möchten das ändern. Wir wollen vernetzen. Wir möchten alle E.V.E.s vernetzen und daraus Kraft schöpfen und Synergieeffekte nutzen, wie es so schön neudeutsch heißt. Kurzum: Gemeinsam sind wir stark.

Dank Internet, Facebook und Emailverkehr können wir uns heute kinderleicht und blitzschnell vernetzen. Gerade für stressgeplagte Singlemütter ist das der ideale Weg, sich unterwegs, zuhause, egal wo, mit anderen auszutauschen. Zumal wir ja nicht den täglichen Babysitter parat haben und den entsprechenden Freiraum, um unter die Leute zu kommen. In unserem neuen Blog www.evesweb.de findest Du ab sofort die Möglichkeit, Dich mit anderen E.V.E.s auszutauschen, Kontakte zu E.V.E.s in Deiner näheren Umgebung zu knüpfen und außerdem viele Muntermacher-Tipps und Anregungen, um Dir das Leben als E.V.E. zu erleichtern.

Wir sind alle E.V.E.s. Wir stemmen tagtäglich so viel. Und wir sitzen alle im gleichen Boot. Also machen wir das Beste draus. Wir können uns austauschen, gegenseitig helfen, totlachen über die täglichen Katastrophen und unser Leben nebenbei verändern. Und tatsächlich auch genießen.

Daher wollen wir uns für eine E.V.E.-Gemeinschaft stark machen, die sich gegenseitig unterstützen kann. Aus einem gemeinsamen natürlichen Bestreben: Dem Willen jeder E.V.E., ein entspanntes Leben mit glücklichen Kindern zu führen. Ein Leben, das nicht benachteiligter ist als das jeder anderen Frau. Ein Leben, das ebenso Möglichkeiten für Entfaltung und Entspannung bietet, wie das einer Frau mit Lebenspartner.

Ist Dir eigentlich klar, dass Dich vielleicht viele verheiratete Frauen geradezu beneiden um Deine Unabhängigkeit und Freiheit, alleine Entscheidungen treffen zu können? Gut, um die Tatsache, dass Du den Müll alleine runterbringst und Bohrlöcher beim siebten Mal immer noch nicht richtig sitzen beneiden sie Dich eventuell nicht, aber darum, dass Du entscheiden kannst, wo und wann für was und warum überhaupt gebohrt wird.

Wie dem auch sei, wir plädieren hier keineswegs für ein Leben ohne Mann. Oh nein. Männer haben durchaus Vorzüge und sind das Salz in der Suppe. Aber eben nicht die Suppe selbst. Im Leben von Millionen von Frauen gibt es Phasen, in denen sie als E.V.E. stark sein müssen. Sie sorgen alleine für ihre Kinder und sollten dabei Unterstützung erfahren, um diese Phase als E.V.E. nicht als Wrack, sondern als zufriedene Frau zu erleben. Und wer könnte dabei nicht besser helfen als gleichgesinnte E.V.E.s?

Wir betrachten diese Lebensphase als vorübergehend. Sie ist ein wichtiger Lebensabschnitt, der uns nicht kaputt und kraftlos machen und jeder Lebensillusion berauben soll.

Nein, ganz im Gegenteil!

Glaubst Du nicht, dass gerade diese Lebenszeit Dir eine Chance bietet, zu zeigen, was in Dir steckt? Welche enorme innerliche Stärke

Du als Frau und Mutter besitzt? Und Du Dir plötzlich vor Augen führst, was für eine große Verantwortung Du übernehmen kannst? Und sie auch bewältigst? Ganz alleine! Am Ende gehst Du als starke, selbstbewusste E.V.E. hervor und wirst auch einem entsprechenden neuen Traummann (oder Traumfrau je nach Vorlieben) begegnen, weil Du ihn/sie mit Deiner starken Ausstrahlung ganz einfach anziehst. Und so wirst auch Du wieder eine neue glückliche Lebensphase einläuten.

Wir wachsen mit unseren Aufgaben.

Warum soll die Zeit als E.V.E. nicht einfach Spaß machen? Warum sollten wir uns ständig unter Druck und gestresst fühlen? Ja warum denn überhaupt? Das ist uns nicht klar. Es gibt 1000 Gründe mehr Spaß, Entspannung und Lust am Leben zu haben. Wären wir nicht gerne Power- E.V.E.s, deren Kinder stolz aufblicken und sagen „Mami, toll wie Du das schaffst"? Sind wir nicht Vorbilder für unsere Kinder?

Knackige E.V.E.s, die keinen Tag ohne Lachen erleben und die wissen, was im Leben zählt. E.V.E.s, die ganz genau wissen was sie wollen. Gesunde E.V.E.s, die genügend Zeit für sich finden. Weil sie es sich wert sind. Offene E.V.E.s, die helfen und sich gerne helfen lassen.

E.V.E.s sind keine stillen Einzelkämpferinnen, sondern machen sich bemerkbar. Sichtbar. Und tauschen sich aus. Und plötzlich entsteht Spaß bei der Sache, Leichtigkeit und Lachen. Weil wir alle, wir rund 2 Millionen Frauen im deutschsprachigen Raum, doch im Grunde alle (fast) das gleiche wollen: Babysitter, Putzfrau, Geld wie Heu und 'nen Traumliebhaber. Das eint uns. Und das ist doch das Faszinierende daran.

Also legen wir los.

Wie sieht das aus? Wo fangen wir am besten an? Am besten dort, wo's wehtut. Mittendrin. Im Alltag. Im katastrophalen Stress, der immer wieder über uns hereinbricht.

Und mehr dazu in den nächsten Kapiteln…

3 E.V.E.S ERSTE HILFE: ADIEU STRESS UND SCHLECHTES GEWISSEN

Als wichtigste Regel gilt für jede E.V.E.:

Kümmere Dich gut um Dich selbst.

Auch wenn Du Deine absolute Belastbarkeitsgrenze noch nicht erreicht hast, solltest Du unbedingt an Dein eigenes Wohlbefinden denken. Kümmere Dich genauso intensiv, wie Du es für Deine Kinder tust, auch um Dich selbst.

Ja, das geht. Nimm' Dir einfach die Zeit.

Um auf lange Sicht Deinen Lebensmut, Deine Lebenslust, Dein gutes Aussehen und Deine Kraft zu behalten, solltest Du Dir täglich Deine kleinen Freuden in Deinen Alltag einbauen, egal ob Schokolade, Schönheitsmaske, Shoppingtour oder Samba, sexy Jungs oder Sekt auf Eis. Alles ist erlaubt. Kleine Schritte mit großer Wirkung.

Zu oft vergisst Frau die eigenen Bedürfnisse und das hat fatale Folgen: Rückenschmerzen, Tinnitus, chronische Sinusitis oder im Volksmund "Schnauze voll", vorzeitige Hautalterung und zuletzt miese Stimmung.

Ausnahmezustand

O weh! Ausnahmezustand, bei diesem Wort fällt einem, oder besser gesagt jeder E.V.E. sofort eine ganze Reihe von Situationen ein, die Frau schon durchlebt hat.

In der Regel fängt alles ganz harmlos an, man sitzt beim Frühstück oder geht gerade zur Arbeit und alles ist noch im Rahmen des normalen Wahnsinns.

Plötzlich aber brechen die verschiedensten Dinge über einen herein, die Schule ruft an, um Dir zu sagen, dass Dein Kind wegen dramatischer Bauchschmerzen abgeholt werden muss, auf der Arbeit fehlen fünf Kollegen, deren Arbeit Du freundlicherweise doch schnell mal mit erledigen kannst, der Geburtstagskuchen für Deine Nichte erweist sich in der Zubereitung wesentlich aufwendiger als gedacht und brennt am Ende noch komplett an.

Irgendwann bist Du nur noch hektisch am Rumrennen, raufst Dir die Haare und fragst Dich, wie es nur dazu kommen konnte. So halt, jetzt mal ganz langsam:

Das wirklich Gute an diesen Ausnahmezuständen ist, dass Du 1) meistens trotzdem alles regelst, 2) Deine Kreativität, Flexibilität und auch Deine Leistungsfähigkeit enorm gesteigert wird und 3) Dein Selbstwertgefühl steigt und Du sehr stolz auf Dich bist. Natürlich vorausgesetzt, dass Du Dir Deiner zahlreichen Stärken bewusst bist.

Viele Menschen und leider überwiegend Frauen neigen dazu, nur ihre Schwächen zu sehen, sich diese ständig selbst vorzuhalten und dadurch ihre Gedanken nur noch mehr in eine negative Richtung zu lenken. Das ist fatal, denn Dein Selbstbild sinkt immer mehr in den Keller und wirkt sich darauf aus, wie andere Leute Dich wahrnehmen.

Im Ernst, dass ist doch wirklich ein typisches Frauenproblem.

Welche Frau steht denn täglich vor dem Spiegel und ruft "Mann, wat seh ich heute wieder gut aus! Boa der Hammer!". Das andere Geschlecht hat dieses Problem nicht, egal ob in Feinrippunterhosen, Smoking, mit Brusttoupé oder Bierbauch.

Wir sind viel zu kritisch und sehen uns selbst sehr oft in einem anderen Licht als Menschen um uns herum. So entsteht häufig ein Riesenunterschied zwischen unserer Selbsteinschätzung und dem, wie uns andere Menschen sehen.

Eigen- und Fremdwahrnehmung - Wie sieht das bei Dir aus?

Im Folgenden findest Du eine kleine Übung, um festzustellen, wie unterschiedlich Du Dich selbst und andere Dich wahrnehmen.

Beantworte die folgenden Fragen selbst, ganz spontan, ohne Dich mit jemandem zu besprechen. Anschließend bitte eine Person Deines Vertrauens, z. B. eine gute Freundin, dieselben Fragen, auf Dich bezogen, zu beantworten. Frage sie, wie sie Dich einschätzt. Nun könnt ihr eure Antworten vergleichen, dabei werdet ihr wahrscheinlich feststellen, dass ihr in vielen Punkten eine ganz unterschiedliche Einschätzung habt.

Kreuze an:

Frage 1 Hältst Du dich für eine gute Mutter?

1	2	3	4	5	6	7	8	9	10

(nein) (ja)

Frage 2 Nimmst Du Dir Zeit für Deine Freunde?

1	2	3	4	5	6	7	8	9	10

(nein) (ja)

Frage 3: Nimmst Du Dir genug Zeit für Dich?

1	2	3	4	5	6	7	8	9	10

Frage 4 Lachst Du genug?

1	2	3	4	5	6	7	8	9	10

Frage 5 Bist Du egoistisch?

1	2	3	4	5	6	7	8	9	10

Frage 6 Bist Du selbstbewusst?

1	2	3	4	5	6	7	8	9	10

Frage 7 Fühlst Du dich oft gestresst und abgehetzt?

1	2	3	4	5	6	7	8	9	10

Frage 8 Hältst Du Dich für sexy?

1	2	3	4	5	6	7	8	9	10

Frage 9 Hast Du Dein Leben im Griff?

1	2	3	4	5	6	7	8	9	10

Du kannst Dir noch viele andere Fragen überlegen und ausprobieren. Auf jeden Fall ist es sehr interessant festzustellen, wie die jeweilige Einschätzung ausfällt. Es gibt natürlich Menschen mit einer extrem hohen/extrem niedrigen Selbsteinschätzung, aber egal, wie es aussieht, es ist ausgesprochen spannend, darüber zu sprechen. Diese Übung trägt dazu bei, Dich selbst besser kennenzulernen. Sie ist auch für die andere Person sehr spannend.

Wie dem auch sei, ich erinnere mich an einen Satz meiner Freundin, in dem sie behauptete, ich wäre die tiefenentspannteste Person, die sie kenne. Ich blickte über meine Schulter nach hinten, um diese tiefenentspannte Person auch zu sehen, mir ein paar Tipps geben zu lassen, vielleicht sogar ein Autogramm zu bekommen.

Sie meinte aber tatsächlich mich. Ich, die doch gefühlte 97 mal am Tag in Sekundenschnelle von 0 auf 100 gerät. Ich, die doch all dem Tagespensum nur hinterher hechelt. Ich, die es mal wieder nicht schafft, ein vernünftiges Essen auf Biobasis zuzubereiten und stattdessen unserem Freund, den Dönerverkäufer, einen Besuch abstattet und die nur um ein paar Minuten Ruhe zu haben, wie beiläufig erwähnt, dass jetzt die Lieblingssendung der Kinder im TV beginnt.

Wie kann sie mich denn meinen? Ich falle aus allen Wolken. Kann es nicht glauben. Je länger wir aber über mich sprechen, sie mir anhand von Beispielen mein Verhalten schildert, wird mir tatsächlich bewusst, dass ich durchaus diesen Eindruck auf andere Menschen mache. Auch von meinen Arbeitskollegen habe ich schon oft gehört, eine ruhige, souveräne Person zu sein.

Allem Anschein nach sehen alle anderen Menschen in mir etwas ganz anderes als ich selbst. Ich fing an, mich selbst genauer zu beobachten und stellte tatsächlich fest, eine relativ große Gelassenheit zu haben, nicht so schnell in Panik oder Hektik zu verfallen, ganz nach dem Motto: Schlimmer geht's nimmer. Trotzdem merke ich, dass der Druck oft an mir nagt, mir wenig Zeit zum Luftholen gibt und dauerhaft zu ernsthaften gesundheitlichen Problemen führen könnte. Deshalb ist es gerade für uns E.V.E.s so notwendig, sich frei zu schaufeln und Entspannungsmöglichkeiten zu schaffen, auch wenn es nur kurze Momente sind.

Durch das Gespräch mit meiner Freundin habe ich erkannt, dass ich tatsächlich eine tolle Stärke habe, die ich als solche nie wahrgenommen und wertgeschätzt hatte. Vielleicht komme ich dem Vorbild der Super Mom doch ein kleines Stückchen näher als ich dachte.

Natürlich geht jeder anders mit Stresssituationen um und natürlich hast Du auch mal Misserfolge, aber das wirklich Entscheidende ist der Umgang mit Stress.

Du musst Dir klarmachen, dass auch die schlimmste Situation vorbeigeht. Du solltest gerade dann, wenn es wirklich schlimm kommt, einfach kurz innehalten. Mir persönlich hilft in diesen Momenten, einfach alles stehen und liegen zu lassen und das Zimmer, oder wenn möglich gar die Wohnung zu verlassen, im besten Fall zum Schuhladen um die Ecke zu gehen und ein „unbedingt" notwendiges Paar Schuhe zu kaufen. Du kannst aber auch einfach langsam bis 10 zählen und dann neu in die Situation gehen. Das ist weniger kostenaufwendig und platzsparend...

Extremsituationen erfordern Extremlösungen

Oft erkennen wir gar nicht, dass wir in einer „Extremsituation" stecken, weil wir so langsam reinrutschen, uns dann womöglich derart reinsteigern und schließlich gar nicht mehr klar denken können. Wir sind sprichwörtlich betriebsblind. Wir reagieren nur noch und agieren nicht mehr. Dabei ist uns in dem Moment nicht klar, dass wir sehr wohl handeln oder die Situation verändern können. Und wenn wir eben nur aus der Situation heraus gehen, sprich vor die Tür, oder auf den Balkon, oder kurz einmal alleine für uns sind, tief durchatmen und bis zehn zählen. Das klingt so einfach, wirkt in der Praxis aber oft Wunder.

Auszeiten sind lebenswichtig

Nimm Dir tägliche E.V.E.-Momente, kleine Wohlfühlpausen, Momente der Ruhe. Nicht verzweifeln, sondern innehalten und nach Lösungen suchen, das ist die Devise. Lösungen finde ich erst, wenn ich wieder klar denken kann. Und klar denken kann ich erst, wenn ich angestaute Emotionen und Stress runterfahre oder die Situation eben unterbreche.

5 Min. Auszeit tun Wunder. Du kannst zu Dir kommen. Setze Dich einfach in einen Stuhl oder Sessel und sage Dir leise im Geiste „Ich schaffe das. Auch das geht vorbei." Sage es immer wieder. Wie ein Mantra, das Du immer wiederholst und das sich tief einprägt. Rede Dir gut zu. „Auch das geht vorbei". Wie oft habe ich mir das gesagt und es ist so. Es geht immer vorbei. Alles ist vorübergehend. Nichts bleibt wie es ist. Veränderung ist normal. Das ist die Natur des Lebens.

Gönne Dir täglich eine solche kleine Auszeit. Beginne mit 5 Min., dann steigere jede Woche Deine E.V.E.-Momente nur für Dich. Mach es regelmäßig und Du wirst Dich schnell daran gewöhnen und sehen, wie es Wunder wirkt. 5 Minuten täglich, das funktioniert.

In dieser Auszeit kannst Du auch die Fingernägel lackieren, aus dem Fenster kucken, Deinen Lieblingstee trinken, meditieren, beten oder im Geiste an positive Lösungen denken, wie Du die Situation gern lieber hättest. Yoga ist eine weitere wunderbare Art, kurze Auszeiten für sich zu nehmen, um Geist und Körper wieder in Balance zu bringen.

Lebe in Deinem eigenen Tempo

Vor allem aber lass Dich von niemanden unter Druck setzen, sage „Nein!", wenn Du etwas nicht willst und verschaffe Dir damit

Freiräume. Sag auch Deinem Ego Nein! Wenn es wieder die gute perfekte Mutter spielen will und Dich dermaßen unter Druck setzt. Lass die Hausarbeit mal Hausarbeit sein. Setz Dich hin und tue etwas völlig Ungewöhnliches:

GAR NICHTS.

Lass Dir helfen

Ziehe die großen Kinder als Team zur Hilfe im Haushalt ran, gönne Dir wenn möglich einmal einen Babysitter und tue etwas nur für Dich, etwas das Dir Freude bringt. Und wenn es einfach Nichts tun ist und ausruhen. Deine Laune wird es Dir danken und Deine Kinder auch.

Denk daran, dass es 2 Millionen E.V.E.s da draußen gibt, die ähnliches durchleben. Du bist nicht allein. Wenn Du Dich austauschen willst, sprich mit anderen E.V.E.s auf **www.evesweb.de**. Hier findest Du Motivation und Zuspruch, Grund zum Lachen und viele gute, praktische Tipps und Informationen, wie Du Deinen Alltag leichter bewältigen und damit Stress reduzieren kannst. Für Notfälle findest Du dort auch wichtige Adressen und Links, an die Du Dich wenden kannst. An dieser Stelle möchten wir vor allem auf die wertvolle Arbeit des VAMV, Evas Arche, all der Frauenhäuser und vielen anderen engagierten, karitativen Organisationen hinweisen. Wir sind sehr dankbar, dass es diese Einrichtungen gibt.

Routine & Rituale

Alltägliches Chaos, meine Nerven sind gespannt wie Drahtseile. Nichts Neues eigentlich. Doch da passiert's dann. Etwas völlig Banales.

Eine Vorhangstange, die sich aus der Verankerung löst und meiner Tochter samt tonnenschwerem Vorhang aus 3 m Höhe entgegenkommt. Der 20 cm tiefe und breite Krater in der Altbauwand ist nicht zu verachten. Es rieselt Sand, mein Kind unter dickem Leinen versteckt, die Katze kuckt verwundert.

Ein Klacks, könnte man denken, wäre das meine Wohnung.

Aber nein, mir passiert das natürlich in der Wohnung von Freunden, die gerade in Urlaub sind und deren Haus und Katze wir hüten. Selbstverständlich passiert das genau 2 Tage vor deren Rückkehr.

Ich möchte den Zustand einer ausflippenden E.V.E. nun nicht näher erörtern. Yogi-Tee hilft da auch nicht mehr. Aber eine weitere E.V.E. eilt mit Rat und Tat zur Seite. Mit vereinten Kräften und der geschickten Handwerkerhand von Sabine reparieren wir das ganze in Rekordzeit, als wäre nichts geschehen.

Letzten Endes war alles nicht der Rede wert. Dinge wie diese sind im Grunde so banal, doch lebst Du unter Hochdruckstress im täglichen Wahnsinn bringt so etwas schnell mal das sprichwörtliche Fass zum Überlaufen.

„Es sind nicht die Erfolge, aus denen man lernt, sondern die Fiaskos."

(Coco Chanel)

Das zeigte mir wieder mal, wie weit entfernt ich mich von einer vermeintlichen „Normalität“ befinde. Mein Wunsch nach etwas Ruhe und einer gewissen Routine war stärker denn je.

Als ich meiner Tochter zu erklären versuchte, was denn „Routine“ eigentlich sei, kommentierte sie schlicht „Routine? Das hört sich ja an wie eine ’Krankheit.“ Sagt das nicht alles?

Vielleicht ist die neue Generation der E.V.E.-Kinder ja völlig flexibel und lässt sich durch mangelnde Routine nicht so leicht aus der Bahn werfen? Flexibilität ist heute durchaus eine wertvolle Eigenschaft.

Ich denke, wenige E.V.E.s können auf eine sichere und ruhige Routine in ihrem Alltag blicken. Und tun sie es doch, dann dürfen Sie sich in der Tat beglückwünschen. Eine gesunde und sichere, ruhige Basis ist der beste Ausgangspunkt dafür, das Leben als E.V.E. mit Bravour zu meistern. Doch wer hat das schon?

Routine in meinem Alltag als E.V.E. ist vielmehr ein lebendiges Chaos. Meine Arbeit als selbständige Unternehmerin zum Beispiel bringt täglich neue Herausforderungen, daher ist für mich Flexibilität zur Routine geworden. Sonst würde alles im Chaos enden.

Doch auch flexible Tage brauchen für mich Ankerpunkte, kleine Rituale mit meinem Kind, die immer wiederkehren und den Tag überschaubar gliedern. Ein gemeinsames Frühstück, ein gemeinsames Abendessen oder das Beten und Danksagen vorm Schlafengehen. Solche Momente sind für uns unverrückbar und zugleich Balsam für die Seele im Stress und Strudel des Alltags.

Befrei Dich vom Druck Deiner Umwelt

Im Leben gibt es immer wieder Momente, in denen man überhäuft wird mit gutgemeinten Ratschlägen. Denk nur mal an die Schwangerschaft. Kaum hast Du verkündet, dass Du in anderen Umständen bist, meint praktisch jeder Mensch in Deiner Umgebung, Dir gute Ratschläge geben zu müssen. Deine Mutter, die Familie, die Freundinnen, die Nachbarn. Dann ist das Kind da, und die gut gemeinten Empfehlungen reißen nicht mehr ab. Aus allen Richtungen kommen nun Tipps und Ratschläge.

Plötzlich bist Du allein erziehend und es bricht entweder ein emotionaler Tsunami an Gutgemeintem über Dich herein oder Du wirst mit peinlichem Schweigen konfrontiert.

Der schlimmste Schlag ist der Ratschlag.

Egal ob Männerwahl, Kindergarten, Biogemüse, Tante Ernas Kommentare sind unausweichlich. „Jetzt muss es doch mal trocken werden", „Das darfst Du aber nicht durchgehen lassen", „Also bei mir gab's so was nicht", „das Kind braucht doch einen Vater."

Regt sich da etwa ein mulmiges Gefühl in der Magengegend, wenn Du die Ratschläge nicht umsetzen kannst oder sogar willst. Verwirrung? Hilflosigkeit? Widerstand? Im Grunde ist es egal, was es ist. Emotional ist es zusätzlicher Stress. Du beschäftigst Dich in Gedanken damit, bewusst oder unbewusst.

Diese Welle an gutgemeinter Hilfsbereitschaft kann emotional einen solchen unbewussten Druck hervorrufen, dass wir oft gar nicht wissen, warum wir so gestresst sind.

Lass Dich nicht aus der Ruhe bringen. Aus welcher Ruhe? Ja schon gut, lass es nicht an Dich heran, lass es abprallen, wenn es wirklich Quatsch ist, der Dich nervt.

Unser E.V.E.-Tipp:

Es gibt eine einfache Übung, wenn Du Dich von irgendwelchen negativen Kommentaren von außen stark bedrängt fühlst. Stell Dir vor, Du steckst mitten in einem menschengroßen Ei, das sich schützend um Dich befindet. Es ist nach außen hin verspiegelt und lässt jede negative Spitze abprallen. Man kann sich das gut bildlich vorstellen und es wirkt phänomenal. Lass es einfach abprallen!

Wenn der Rat von einer nahestehenden Freundin kommt, dann frag sie nach konkreter Hilfe. Wie soll das gehen? Frag sie einfach.

Und irgendwelchen Klugscheißersprüchen von selbsternannten Erziehungsprofis auf der Straße sollten wir ohnehin kein Gehör schenken. Jedermann weiß doch immer, „was das Kind hat, wenn es flennt“. Nur Du nicht. Nicht wahr? Geh weiter oder gib Kontra. Aber mach’ Dein Ding, denn Du bist eine EVE.

Konkurrenz ist kontraproduktiv

Hinzu kommt ein oft zu beobachtendes Konkurrenzverhalten unter Müttern in Bezug auf ihre Kinder. Mein Kind kann schon dies, meins kann schon jenes. Meins lernt mit 3 schon Früh-Japanisch, meiner spielt mit 4 schon die Geige. Frühförderung ist schön und gut, aber warum müssen wir uns immer übertreffen? Sicherlich leidet jede von uns an vorübergehender geistiger Blindheit und denkt, ihr Kind ist das Schönste, Intelligenteste, Beste, Größte, Tollste, Kreativste, Schnellste, Geschicklichste, Wunderbarste und Talentierteste, das es überhaupt auf der Welt gibt. Und das ist auch gut so! Jedes Kind verdient es, über alle Maßen geliebt und geachtet zu werden. Doch muss dieser natürlich vorhandene Wahn zur vielleicht hormonell bedingten Falscheinschätzung und damit einher gehenden Realitätsverlust unbedingt dazu führen, dass wir uns mit Superlativen übertrumpfen und miteinander konkurrieren?

Klar sind wir stolz auf alles, was unsere Kleinen können. Aber ist es nicht egal, ob es besser oder schlechter als ein anderes Kind ist? Konkurrenzverhalten erhöht den Druck und verursacht Stress. Und dieser Druck ist völlig hausgemacht. Ich muss das, ich muss jenes, damit die Kleine dorthin und dahin kommt und dies und jenes schafft. Wie oft verliert man sich im Hin- und Her des Organisierens, weil einfach zu viel auf der Agenda steht. Unbewusst muss man doch alles mitmachen, das fängt bei PEKIP-Gruppen und selbstgekochten Biokarotten an und endet bei mühselig selbstgeschnitzten Pommes Frites, während alles andere liegen bleibt, die Kinder alle schreien und ich kurz vorm Nervenzusammenbruch stehe. Weil ich muss, muss, muss. Das ist eben das Beste, das machen alle so. Das macht man so. Was für eine Stimme ist da im Kopf zugange?

Stopp!

Ich muss nicht mithalten können. Ich kann mich völlig unabhängig von anderen Müttern um die Förderung meines Kindes kümmern und ich unterlasse jegliche bewertende Vergleiche.

E.V.E.s stärken sich gegenseitig, statt zu konkurrieren

So bin ich viel entspannter und gelassener und der Stress lässt nach. Ich freue mich über die Talente anderer und bin stolz auf die meines Kindes. Und trotz schnell in den Ofen geschmissener Tiefkühlpommes ab und zu gedeiht meine Tochter prächtig. Dafür habe ich 10 Minuten mehr Zeit, um mit ihr zu spielen, ihr zuzuhören oder sie einfach nur zu knuddeln.

Jedes Kind ist einzigartig. Kein Kind kann mit irgendeinem anderen verglichen werden. Lehnen wir uns zurück und genießen die Talente unserer Kinder. Entspannt. Ganz ohne Druck und ohne Konkurrenz. Ganz gelassen und gemeinsam mit Spaß können wir uns so über den neuen emotionalen Freiraum freuen.

Heimwerker- E.V.E.s

Da wohnst Du nun eine Weile schon allein mit Deinen Kindern in Deiner Wohnung und stellst eines Tages fest, dass es langsam an der Zeit ist, den einen oder anderen Mangel zu beseitigen.

Am Anfang als Du ohne Mann in Deinen eigenen vier Wänden wohntest, hast Du Dich einfach nur über die Ruhe gefreut. Nun wohnt sich die Wohnung aber ab und es ist an der Zeit, auch in dieser Richtung eigenverantwortlich zu handeln.

Dazu hast Du wie auch immer verschiedene Möglichkeiten. Je nach finanziellen, zeitlichen und handwerklichen Fähigkeiten liegt die Entscheidung nun ganz bei Dir. Du musst keine Kompromisse bei der Farbwahl der Tapete schließen, Du kannst die Möbel stellen, wie Du willst, Du musst keine Rücksicht auf langweilige Anordnungen nehmen, nur weil sie praktisch sind und der Fernseher bislang im Mittelpunkt stand.

Du hast freie Bahn. Leg' los und gönn Dir den Spaß, Deine Wohnung ganz nach Deinem Geschmack umzumodeln, so dass Du Dich darin wohl fühlst und eine gutgelaunte Mama sein kannst. Es ist Dein Reich, nimm es richtig in Besitz und genieße es.

Ich werde nie meinen ersten Gang allein in den Baumarkt in Berlin vergessen. Der Charme der Hauptstädter ist ja weithin bekannt, auf meine Frage nach einer Bohrmaschine bot man mir das neue „Damenmodell in Dunkelblau“ einer bekannten dt. Marke an und ein neuer weiblicher Heimwerker war geboren.

Allein die Tatsache, dass ich an jenem Tag im Baumarkt keine hohen Hacken anhatte, habe ich bereut, sonst nichts. Mein dunkelblaues Modell hat mehr Löcher gebohrt als meinem Vermieter lieb ist. Also liebe Mädels wagt euch an neue Dinge, es ist einfacher als man denkt. Selbst ist die Frau.

Aber halt alles mit Maß. Wir reden hier natürlich von Dingen, die Spaß machen. Wenn es Dir absoluten Horror bereitet, nur an Bohrmaschinen zu denken, dann muss natürlich eine andere Strategie her. Netzwerken, Handwerker, Freunde finden, die gerne unterstützen. Bezahlt oder unbezahlt je nach Möglichkeiten. Es gibt für alles eine Lösung. Frage nach. Menschen helfen gerne. Wir müssen nur fragen.

Probiere es einfach aus. Auch wenn es völlig neu ist für Dich.

Manchmal entdeckst Du sogar neue Talente an Dir und es offenbaren sich völlig neue Möglichkeiten...

E.V.E.s 13 Gebote:

1. Atme !
2. Sei stolz auf Dich !
3. Akzeptiere Deine Schwächen !
4. Suche Dir Hilfe und Unterstützung !
5. Schau auf die positiven Dinge des Lebens !
6. Fang an zu träumen !
7. Nimm's leicht !
8. Bewahre Dir Deinen Humor !
9. Sei mutig !
10. Sei anspruchsvoll !
11. Teile Dir Deine wertvolle Zeit gut ein !
12. Hab Spaß !
13. Gönn' Dir was !

4. E.V.E.S DENKEN UM

E.V.E.s wollen das tägliche Leben am Limit beenden. Kraft schöpfen, Energie aufbauen und den Alltag effektiv meistern.

Klare Ziele, gute Organisation und die Fähigkeit, Grenzen zu setzen, Nein zu sagen sowie auch Hilfe von außen zu akzeptieren sind grundlegende Voraussetzungen, um den Alltag schnell zu verbessern.

Es entstehen Zeitfenster, die Du allein für Dich nutzen kannst. Du wirst selbst wachsen und dadurch wieder neue Energie aufbauen. Gute Laune stellt sich ein und Du denkst zunehmend positiv. Weil Du an Dich glaubst.

Da draußen gibt es rund 2 Mio. weitere Frauen, die genau wie Du tagtäglich in Deutschland, Österreich und der Schweiz als E.V.E. ihre Frau stehen. Du kannst das auch. Und gemeinsam können wir es sicher noch besser.

Beginnen wir damit, keinen Widerstand mehr gegen unsere Situation auszuüben. Akzeptieren wir es einfach:

Nicht auf die Barrikaden, runter davon!

Schluss mit Beschwerden. Auch wenn es schwer fällt und in vielen Fällen allzu ungerecht erscheint.

Akzeptieren wir unser Dasein als E.V.E. Probleme sind vorübergehend und werden vergehen, aber erst dann, wenn wir sie akzeptiert haben und das Beste daraus machen. Vorher nicht! Widerstand, Selbstmitleid und Beschwerden sind kontraproduktiv und machen alles nur schlimmer. Sie schaden nur uns selbst!

Das Prinzip des Nicht-Widerstands ist hoch interessant: Du findest es z.B. in asiatischen Kampfkünsten wie Kung Fu. Die Mönche des Shaolin-Klosters, der Wiege des Zen-Buddhismus und Heimat des Shaolin Kung Fu, zählen den Nicht-Widerstand zu ihren Prinzipien. Klingt vielleicht etwas exotisch, aber funktioniert in der Praxis tatsächlich so.

Bei näherer Betrachtung scheinen diese Mönche übermenschliche Kräfte und Fähigkeiten zu haben, doch dem ist absolut nicht so. Sie verstehen es nur, die Gesetze der Natur und der Welt richtig anzuwenden.

Ihr wahres Geheimnis liegt nicht in ihrer körperlichen Kraft, auch nicht in ihren ausgefeilten Kung Fu-Kampftechniken. Nein, es ist ihr Denken, das sie nahezu unbesiegbar macht. Ihre mentale Stärke.

Allein durch ihr Denken sind sie in der Lage, Energie richtig zu lenken und sie genau da einzusetzen, wo sie auch gebraucht wird.

Im Grunde betrachten sie alles als Ganzheit. Der Mensch ist für sie eine Einheit von Körper, Geist und Seele. Diese Dreiteilung oder Dreifaltigkeit ist auch im Rest der Welt je nach Kulturraum bekannt und verbreitet. Wir sind nicht nur Körper, sondern ebenso Geist und Seele. Alle drei wollen gehört werden und in Balance gebracht werden.

Wie macht das E.V.E.?

So einem Mönch im Kloster bei Wasser und Brot mag das leicht fallen, aber bei uns sieht das etwas anders aus. Da sind Berge von Wäsche, Rechnungen, Windeln, Telefongebimmel, Hausaufgaben, Exmänner, Kinder, die uns auf Trab halten. Wie soll das denn gehen? Geist und Seele? Was ist das? Wir sind doch schon froh, wenn der Körper halbwegs mitmacht und das tägliche Pensum schafft. Dann auch noch Geist und Seele?

Hm.

Schaffe Dir Momente der Ruhe.

Welcher Schlaumeier hat sich das wieder ausgedacht!

Auch wenn es nur kurze, kleine Momente sind. Egal.

Wir wissen doch alle, wie sehr wir sie genießen.

Warum überhaupt?

Nun erstens, weil E.V.E. es sich wert ist und zweitens weil Kinder eine entspannte Mutter als Hafen brauchen. Ich spreche natürlich nicht, von einer dauergrinsenden Positivmom, sondern vom realen Alltag. Du musst auch nicht acht Stunden im Yogasitz meditierend den Weltfrieden herbeiwünschen, es reichen Durchaus mal fünf ruhige Minuten zwischendurch. Auf dem Balkon. Im Lieblingssessel. Auf der Couch. Egal wo. Augen zu. Und aus die Maus.

Häng das Ziel mit der Entspannung nicht so hoch. Wir sind nur Menschen, die ganz normale Gefühle haben und auch normal reagieren bei all der Verantwortung. Eine entspannte Mutter, das heißt für mich zum Beispiel: Wenn ich doch mal austicke, dann kriege ich mich zumindest schnell wieder ein. Oder ich bin in der Lage, mich schnell wieder selbst nervlich auf die richtige Spur zu bringen. Ein Bodensatz von Ausgeglichenheit irgendwo im brodelnden Stresssuppenkessel. Das ist doch schon mal ein Anfang. Ein guter. Und niemand ist perfekt.

Nervenstärke ist die allerwichtigste Voraussetzung. Mentale Fitness, Fokus, Klarheit, die richtige Einstellung. Die richtigen Gedanken.

Da können wir viel von Shaolin-Mönchen lernen. Das klingt utopisch. Weltfremd. Ja klar. Ein Mönch führt praktisch genau das Gegenteil eines Lebens, das eine E.V.E. heutzutage führt. Stimmt. Wer sehnt sich nicht nach abgelegener Ruhe, Stille, Meditation, Brot und Wasser? Im Ernst, im Grunde sind wir froh, kein Mönchsleben zu führen, doch das heißt noch lange nicht, dass wir uns ein paar mentale Techniken für ein effektives Stressmanagement und mehr Spaß und Erfolg im Alltag als EVE abkucken könnten.

„Wir sind, was wir denken."

(Buddha, 500 v. Chr.)

Das was wir denken, bestimmt unser Leben. Egal ob Buddha, Jesus, Mohammed oder Albert Einstein: alle großen Köpfe der Menschheitsgeschichte verstanden es. Unsere Gedanken sind der Ausgangspunkt für alles. Positives bringt Positives hervor, negatives führt zu Negativem...

Was denken wir tagtäglich? Haben wir überhaupt Einfluss auf unsere Gedanken? Sind wir nicht allem völlig ausgeliefert? Nein, das sind wir nicht. Wir sind unseren Gedanken nicht hilflos ausgeliefert. Wir können unser Denken beeinflussen und steuern. In die richtige Richtung. Wir haben immer die Wahl. Das ist das Wunderbare an der ganzen Geschichte.

Es funktioniert ganz einfach in drei Schritten:

Gedanken > Gefühle > Handlung = Ergebnis

Unsere Gedanken erzeugen automatisch und ganz natürlich Gefühle in unserem Körper und Geist. Sie tun es bewusst oder unbewusst.

Denk an eine Situation, die Dir völlig auf die Nerven geht. Na wie fühlt sich das an?

Nun denk bitte an das schlafende Gesicht Deines kleinen friedlichen Engels in seinem Kinderbettchen letzte Nacht. Welches Gefühl macht sich da breit?

Ein wirklich einfaches Beispiel, dass aber zeigt, dass unsere Gedanken automatisch Gefühle in uns erzeugen, ob wir nun mal wollen oder nicht.

Was passiert nun im 2. Schritt? Unsere Gefühle führen zu unseren Handlungen. Je nachdem wie wir uns fühlen, verhalten wir uns und handeln entsprechend.

Und im letzten Schritt entsteht aus unserem Verhalten und unserer Handlung dann das Ergebnis.

Das ist alles. So funktioniert das Ganze:

**Was wir denken, beeinflusst das, was wir fühlen.
Was wir fühlen, beeinflusst das, was wir tun.
Was wir tun, beeinflusst das, was wir erzielen und bewirken.**

Wenn das eine das andere beeinflusst, wird schnell klar, wie wir durch völlig bescheuerte Gedanken und Haufen von Gedankenschrott auch bescheuerte, vermüllte Resultate in unserem

Leben hervorbringen.

Was heißt nun Gedankenschrott? Das wären zum Beispiel Gedankenspiralen, kreisende negative Gedanken wic im Hamsterrad, sich auf drohende Super-GAUs vorbereiten, obwohl sie noch gar nicht passiert sind, sich ständig Sorgen machen um irgendwas. Zu Gedankenschrott zählen auch Selbstzweifel, das Sehen von Selbstmordattentaten im Fernsehen sowie sonstige schlechte Nachrichten. Sorgen um die Altersvorsorge oder um das nächste Mittagessen. Selbstmitleid, Lästern und Schlechtreden über egal was. Eben all das.

Im Ernst. Mir fiel es wie Schuppen von den Augen. Welche Gedanken habe ich eigentlich den lieben langen Tag lang? Wow, das war eine große Ernüchterung.

Ich beobachtete mich immer mehr beim „Denken" und stellte erst einmal fest, dass ich ja überhaupt denke. Das war schon mal beruhigend. Nein mal im Ernst, es ist gar nicht so schwer, negativen Gedankenmüll abzuwehren. Ich nehme negative Nachrichten zwar auf und registriere sie, aber ich denke nicht mehr so lange darüber nach und rege mich nicht länger darüber auf, sondern lege sie schnell ad acta und konzentriere mich lieber schnell wieder auf schöne Gedanken und die schönen Dinge des Lebens.

Oder Tagträume.

Kopfkino...

Unser E.V.E.-Tipp: Hausputz im Kopf

Notiere Dir eine Woche lang an jedem Abend vor dem Schlafengehen alle positiven Dinge, die Dir während des Tages auffielen oder besonders gefallen haben.

Denk dann etwas darüber nach. Und schlafe mit einem tiefen Gefühl der Dankbarkeit dafür, dass Du all das sehen oder erleben konntest, ein.

Gleichzeitig eliminiere in dieser Woche konsequent jeden Gedankenschrott aus Deinem Kopf: Werde Dir in Situationen, in denen Du schlechte Laune hast, darüber bewusst, was Du gerade denkst. Ist es negativ? Dann lenke Deine Gedanken gezielt hin zu etwas Positivem.

Dann achte darauf, wie Du Dich nach dieser Woche fühlen wirst und was für Dinge geschehen.

Sich auf das Positive konzentrieren und Negatives nicht überwerten. Das ist mit „Umdenken“ gemeint.

E.V.E.s nehmen Negatives zur Kenntnis, aber beschäftigen sich nicht zu lange damit, sondern konzentrieren sich schnell wieder auf Gutes, Positives und Schönes. Das macht eindeutig mehr Spaß. Und wenn es Konflikte gibt, konzentriere Dich auf Lösungen. Sei kreativ. Nur nicht im Konflikt versinken. Raus da und nachgedacht: Wie hättest Du es gerne? Denke intensiv darüber nach.

Es braucht etwas Übung. So ein Umdenken geht nicht über Nacht. Ich habe auch lange geübt und übe immer noch. Tag und Tag. Aber es geht, es ist ein allmählicher Prozess. Immer mehr Gedankenschrott wird einem wirklich bewusst und man fragt sich, warum hör ich mir das denn überhaupt an?

Weshalb nun dieses ganze Umdenken?

Weil wir uns mit guten Gedanken einfach besser fühlen.

Und weil Gutes einfach auch Gutes anzieht. Ein Naturgesetz.

Gleiches zieht Gleiches an.

Fühlst Du Dich von positiven oder negativen Menschen eher angezogen? Ist Dir schon mal aufgefallen, wenn Du missmutig aus dem Haus gehst, dass Dir plötzlich auch nur missmutig grummelnde Menschen begegnen? Wenn Du schwanger bist und ständig an Dein Baby denkst, Dir plötzlich lauter schwangere Frauen im Stadtbild begegnen? Und wenn Du Dir einen BMW wünschst, nur noch BMWs in der ganzen Stadt rumfahren?

Deine Gedanken bestimmen einfach Deine Einstellung, Sichtweise und Stimmung.

Achte auf Deine Gedanken, so wird sich auch Dein Leben ändern.

Wie wirst Du von anderen Menschen behandelt?

Immer wieder fällt mir auf, wie oft sich Menschen beschweren, wie unhöflich sie z. B. auf Ämtern behandelt werden. Ich wunderte mich darüber sehr oft, anfangs dachte ich, dass ich zufällig nie oder selten an diese schlecht gelaunten Mitarbeiter gerate. Inzwischen weiß ich einfach, dass es an mir selbst liegt. Meine eigene Ausstrahlung beeinflusst natürlich mein Gegenüber. Wie sagt man so schön: „Wie es in den Wald reinschallt, so schallt es auch wieder heraus." Interessant, wie diese alten Lebensweisheiten doch immer wieder zutreffen.

Kopfkino

Wie schnell fühlst Du Dich als Opfer Deiner Umwelt? Im Strudel des alltäglichen Stress neigen wir doch schnell dazu, Frust zu entwickeln auf alle um uns herum.

Warum muss ich eigentlich alles alleine machen? Der Vater macht sich's einfach, hat ein schönes Leben. Lässt sich nie sehen. Aber ich kümmere mich um alles. Ja wie verdammt unfair ist das denn.

Die Stimmung ist auf dem Nullpunkt, der Rücken schmerzt, die Kinder schreien und haben Hunger und mein ganzer Gedanke ist, nur raus. Raus mal kurz ne Zigarette rauchen. Auszeit. Tür zu.

Kennst Du das? Kommt Dir das vielleicht bekannt vor? Was ist Deine Masche, um Dich mal kurz auszuklinken? Aus dem ganzen Alltagskatastrophenszenario? Wo findest Du kurz mal wieder Ruhe? Und kommst runter? Kommst zu Dir?

Hast Du Dich schon mal gefragt, warum Du das eigentlich machst? Abgesehen davon, dass Nikotin nicht die gesündeste Art ist, Freiheit zu schnuppern…

Fühlst Du Dich völlig allein? Ist Dir klar, dass es noch viele andere Millionen Frauen gibt, die tagtäglich das gleiche oder ähnliches oder gar schlimmeres durchleben und sich durch den Alltag regelrecht kämpfen?? Wozu? Warum eigentlich?

Sind wir durch unsere Überlastung schon so tief im Sumpf der Verbitterung gefangen, dass wir alle um uns herum in solchen Momenten für schuldig halten, bewusst oder unbewusst, und uns als Opfer sehen, das hilflos allem ausgeliefert ist??

Oder haben wir doch irgendwo tief in uns drin den Funken echter Stärke entdeckt, die nur eine Mutter aufbringen kann, um ihre Kinder „durchzubringen"?

Diesen Funken Glauben an uns, dass wir das Kind schon I R G E N D W I E schaukeln werden, komme, was da wolle. Uns vielleicht sogar noch besser als mit dem Vater zusammen, mit dem es eben nicht klappte oder der einfach nicht wollte oder konnte oder nicht da ist. Egal! Im Grunde sind wir doch eh' fürs Kind zuständig, also werden wir dieses Alltagsding ohne Mann auch irgendwie schaffen oder nicht?

Und dann sitze ich da auf dem Balkon mit der heimlichen Zigarette in der Hand, völlig erschöpft, voll schlechtem Gewissen, weil ich ja eigentlich ein Vorbild sein wollte. Und will mir nicht so recht eingestehen, dass ich gerade mal wieder heillos überfordert bin. Also blende ich das Chaos da drinnen erst einmal aus. Ruhe im Karton. Nur 2 Minuten Mensch. Ja genau.

In diesen Mini-Auszeiten auf dem Balkon nahmen meine Gedanken das erste Mal freien Lauf. Weg vom Opfergefühl, hin zum Träumen von einem entspannten, glücklichen Leben mit meinem Kind.

Ich will hier natürlich nicht für den Konsum „Freiheit"-spendender Zigaretten einer bestimmten Marke, wie ich sie rauchte, werben, da ich gottseidank längst eingesehen habe, dass das Quatsch ist und E.V.E.s nicht zu mehr gesundem Sexappeal, sondern zu grauer Haut und schwarzer Lunge verhilft, und dass eine Tasse Tee oder Kaffee oder Schokolade oder einfach was immer eben einem gerade gut tut, genügt, um einfach mal kurz eine Auszeit zu holen.

Erst als ich rauskam und kurz mal Ruhe war, begann mein Gedankenkino anzuspringen. Kreative Ruhe nennen das viele. Ich nannte es Auszeit aus dem Chaos da drinnen. Ruhe und die Gedanken loslassen. Was anderes denken. Ja wie geil ist das denn.

Ich habe die Freiheit, zwei Minuten tagzuträumen. Ich komponiere mein eigenes Leben, bis ins kleinste Detail. Völlig weg vom Alltag da drinnen. „Ja wie spinnert ist das denn wieder?" höre ich schon meine Mutter in Gedanken. „Anja, Du heillose Tagträumerin. Bist Du jetzt völlig verrückt geworden?

Ja. Scheint so. Aber was soll ich sagen. Genau da fing es an.

Anders zu werden.

Mein Leben.

Langsam aber sicher. Erst da. Ab genau dem Moment, in dem ich völlig anderen Gedanken nachhing und sie in meinem Kopf überhaupt erst mal zuließ.

Was hatte ich schon zu verlieren?

Nichts gab's zu verlieren, rein gar nichts. Vom Boden kann man nicht fallen.

Also begann ich mit meinem Kopfkino. Und weil es so einen Spaß gemacht hat, betrieb ich es jeden Tag. Erst 1-2 Minuten. Dann mal 5. Dann 10 Minuten. Dann entdeckte ich die Zeit vor dem Schlafengehen. Im Bett. Völlig ermüdet, erschöpft. Aber mein Kopfkino sprang solide an. Und ich schlief mit glücklichen Gedanken ein. Überhaupt ist die Zeit vorm Schlafengehen am besten.

Bald fand ich diese Auszeiten richtig erholsam, weil ich im Kopf völlig neue Welten besuchte, die ich mir ausmalte. Mein neuer Beruf, mein neues Gehalt, mein flacher Bauch, mein knackiger Hintern (träumen darf man ja), welche Kleidung ich trug, als ich meine Tochter von der Schule abholte, ihr wunderbares Lachen und die Freude, als sie mich sah, wie entspannt ich da stand, und der Stolz in ihren Augen, weil ich sie abholen kam und die Zeit dazu hatte.

Unsere erste Putzfrau, die uns endlich putzfreie Wochenenden voller wertvoller Freizeit bescherte. Unsere Radtouren, Ausflüge und Urlaube am Meer. Meine neue Liebe, eine Granate von Mann, der nicht nur mich, sondern auch meine Tochter von Herzen liebte.

Leichtigkeit, Freude und Gelassenheit. Alles regelt sich. Gedanken und Ideen kamen mir in den Sinn, von denen ich nie zuvor geträumt hatte.

Bald begann ich auch meinen Tag mit 5 Min. Kopfkino im Bett. Es regte mich so positiv an und machte soviel Spaß, dass sich meine Stimmung tatsächlich - trotz aller akuten Probleme – täglich langsam verbesserte.

Ich fing an, immer stärker daran zu glauben, dass diese Dinge sich auch verwirklich können. Dass ich eben nicht gefangen bin, wie in einem Käfig der jetzigen Situation. Sondern, dass alles nur eine Phase ist, auf die eine andere bessere Phase folgt. Eine Phase, durch die ich jetzt nur gehen muss, in der festen Überzeugung, dass etwas anderes besseres bereits auf mich wartet. Würde eine Raupe diese Phase nie durchleben, würde sie doch auch nie zum Schmetterling…

Ich begann, Kraft aus der Situation zu schöpfen. Ja tatsächlich. Klingt völlig schräg ich weiß. Aber es war so. Ich wurde mir klar, dass all das hier zeigt, was ich für eine Stärke als Mutter besitze. Als E.V.E.

Wenn ich das hier alles auf die Reihe kriege und überlebe, ja was haut mich denn dann eigentlich noch um? Wachse ich nicht mit meinen Aufgaben? Ich fühlte, dass es wirklich so ist. Wie die Natur das eingerichtet hat. Famos.

Kräfte gezehrt fiel ich abends ins Bett und schaltete schnell mein Kopfkino ein. Inzwischen war auch ein braungebrannter, gutgebauter Mitvierziger darin, dem ich barfuß im Sand am Karibikstrand das Ja-Wort gab. Wow.

Das wird ja immer besser.

Bald nutzte ich jeden Moment, der sich mal alleine ergab. Beim Warten vor der Schule, auf der Bank am Spielplatz, morgens und abends und so weiter. Um meinen Gedanken freien Lauf zu lassen.

Probleme und Sorgen nervten. Kopfkino machte gute Laune.

Je mehr meine Gedanken Neues erdachten, umso weniger leistete ich in Gedanken auch Widerstand gegen meine Situation. Ich hörte auf, mich als Opfer zu fühlen und begann stattdessen, mein Leben aktiv zu erdenken und zu ersinnen.

Ich fühlte mich tatsächlich besser, aktiver und optimistischer. Weil ich meine Oase, mein Gedankenkino im Kopf hatte, in das ich mich flüchtete, wenn's mir wiedermal zu bunt wurde. Die kleine Auszeit im Kopf. Völlig verrückt.

Mann ist die durchgeknallt die Alte, hör ich Dich jetzt schnauzen, na zumindest die Berliner unter euch. Ja, schon völlig klar. So hört sich das ja auch an. Absolut verständlich.

Es sei denn…

… es wären da nicht tatsächlich Verwandlungen passiert. Und das ist nun einmal Tatsache: Man bot mir aus heiterem Himmel an, den Job, von dem ich bislang immer nur geträumt hatte, doch einfach mal so zu beginnen, und gab mir gleich erste Aufträge.

Mein Leben war ganz plötzlich mitten im Wandel. Es eröffneten sich völlig neue finanzielle Potenziale, die ich mir vorher nie hätte erträumen lassen.

Ich begann immer mehr Leute in mein Leben zu ziehen, die erfolgreich, interessant und amüsant waren. Keine Miesmacher, Jammerer und Sauerpflaumen, sondern durchaus positiv denkende, humorvolle und erfolgreiche Menschen.

Der Stress zuhause ließ nach, weil ich mir u.a. auch eine Putzfrau leisten und meine Miete wieder entspannt und pünktlich zahlen konnte. Genau das Auto, das ich mir immer erträumt hatte, steht inzwischen in exakt der gleichen Farbe, die ich mir gewünscht hatte, vor meiner Tür. Unfassbar.

Dies sind erst die ersten Auswirkungen. Es zeichnen sich momentan noch viele weitere ab. Das Ganze verhält sich wie ein kleiner Schneeball, den man anstupst, der in Fahrt kommt und zu einer riesigen kräftigen Lawine wird, die zielgerichtet in die richtige Richtung läuft.

Und alles begann schlichtweg mit Umdenken. Neuen Gedanken. Einer völlig neuen Einstellung.

Heute weiß ich, weshalb so viele erfolgreiche und berühmte Menschen immer behaupten „Einstellung ist alles!“

Einstellung IST alles. Sie ist das ganze Geheimnis.

Sie verändert Dein Leben. Ja, Dein ganzes Leben. Wie oberflächlich das klingen mag, aber ich schwöre Dir, ich bin überzeugt davon und habe es aus eigener Erfahrung erlebt, dass es genau so ist.

Als ich begann, mich mehr mit diesem Thema zu beschäftigen und darüber alle möglichen Bücher las, wurde mir klar, dass alle großen, erfolgreichen Köpfe der Menschheitsgeschichte das von Anbeginn der Zeit wussten.

Ich dachte mehr über mein eigenes Leben nach und mir wurde heiß und kalt, als mir plötzlich einfiel, dass ich vor 13 Jahren ständig das Lied „Laura non c'è“ trällerte, das im Radio rauf und runter lief und mich immer in italienisch verzauberte Gänsehaut versetzte.

Damals dachte ich, wenn ich jemals ein Kind hätte, dann müsste es ein Mädchen sein und den wundervollen Namen Laura tragen. Das waren Gedanken damals. Sonst nichts. Aber je öfter ich den Song hörte, umso öfter dachte ich dran. Unbewusst.

Heute ist meine Tochter Laura 14 Jahre alt, bildhübsch, gesund

und die wunderbarste „Überraschung“, die ich in meinem Leben bislang erlebt habe. Ich liebe sie über alles.

Vor sieben Jahren trainierte ich täglich in einem kleinen Sportstudio und sah durch das Fenster nach oben ins gegenüberliegende Haus. Schwitzend auf dem Crosstrainergerät fiel mir immer eine wunderschöne Dachterrasse ganz oben auf und ich träumte davon, mit Laura irgendwann einmal in so einer kleinen bezahlbaren, charmanten Dachwohnung um die Ecke zu wohnen.

Mein Verstand sagte: „Du spinnst ja völlig! In diesem Bezirk? Billig? Noch dazu bist Du alleinerziehend und selbständig ohne geregeltem Einkommen!“. Aber ich träumte eben davon. Relativ häufig. Einfach so. Täglich. Unbewusst.

Heute lebe ich nun im siebten Jahr mit meiner Tochter in genau so einer kleinen bezahlbaren, überaus charmanten Dachwohnung direkt um die Ecke unserer vorherigen Wohnung. Mit einer wunderbaren Terrasse und Panoramablick über den Süden Berlins.

Es geschah einfach. Ich hätte es nie für möglich gehalten damals. Aber ich bekam die Wohnung direkt nach unserer Trennung innerhalb von 3 Tagen. Einfach so. Ein Zufall? Nein. Zufälle gibt es nicht.

Heute ist mir klar, dass es meine konstanten Gedanken daran waren, die das bewirkten. Meine Wünsche konnten sich darin entfalten. Ohne das Wörtchen „Wie?“. Ohne Vernunft. Ja bar jeder Vernunft. Denn ich konnte es mir wirklich nicht rational vorstellen. Aber gewünscht habe ich es mir trotzdem von Herzen. Und so nahm mein Leben seinen Lauf.

Ein Abenteuer. Wirklich. Anders kann ich es nicht bezeichnen. Wunder sind möglich. Auch wenn es vielleicht nur kleine wie diese hier sind. Aber ja, Wunder geschehen Tag für Tag.

Wahnsinn, meinst Du? Ja, aber der Wahnsinn hat System!

Und das möchte ich Euch hier an dieser Stelle näher vorstellen.

Du hältst dieses Buch in Händen, das heißt es gibt einen Grund, weshalb Du das hier liest. Es muss einen geben, sonst würden wir uns hier nicht treffen und kennenlernen.

Ich nehme einfach mal an, Dein Wunsch ist Wandel. Veränderung. Eine bessere Lebenssituation. Mehr Ruhe, Stärke und Freude. Spaß am Leben.

Also lass uns loslegen. Du bist eine E.V.E. und E.V.E.s haut nichts mehr um. Los geht's.

Dieses Buch ist ein motivierender Ratgeber für eigenverantwortlich erziehende Frauen, und wir haben ihn geschrieben, da wir natürlich beide die Weisheit mit Löffeln gefressen haben und nun ein ultimatives Luxusleben leben. Schon klar. Nein, ganz so ist es nicht!

Wir stehen auch mitten im Leben mit allen Höhen und Tiefen und lernen Tag für Tag.

Allerdings hat uns die positive Veränderung in unserem Leben dazu getrieben, unser Wissen anderen mitteilen zu wollen, damit wir möglichst vielen E.V.E.s helfen können, sich gegenseitig zu stärken und Mut zu machen, sich in einem neuen Licht zu sehen, Kraft durch Gemeinsamkeit zu entwickeln und wieder Träume zu träumen und diese auch wahr werden zu lassen.

Sabine: Zum Thema Tagträume und Kopfkino gibt es soviel zu sagen. Wie so viele andere Menschen hatte auch ich die Fähigkeit zu träumen im Laufe des „ernsten“, realistischen harten Alltags verloren. Ich hatte sogar vergessen, dass es so etwas wie träumen überhaupt gibt und musste so langsam erst einmal wieder damit anfangen, überhaupt Wünsche zu formulieren.

So unglaublich es mir anfänglich erschien, doch als ich wieder anfing, Wünsche zu haben, erfüllten sich diese tatsächlich.

Einer meiner ersten Wünsche war ein gutes Fahrrad für wenig Geld zu bekommen und siehe da, nicht mal zwei Monate später bot mir ein Freund meines Sohnes ein schönes Fahrrad seiner Tante an und brachte es sogar zu mir nach Hause.

Während eines zweitägigen Ausflugs an die Ostsee mit Anja, meiner E.V.E.-Freundin (ohne Kinder und ausgesprochen hart erkämpft), sprach ich über meine derzeit dringendsten Wünsche: 1. meine völlig renovierungsbedürftige Küche auf Vordermann zu bringen und 2. mit den Kindern in Urlaub zu fahren.

Mir erschien es zu diesem Zeitpunkt völlig unvorstellbar, beides finanziell irgendwie gleichzeitig zu realisieren, ich hatte gar kein Geld dafür und handwerklich gesehen schien es sowieso „unmöglich" als Frau, all die Arbeit alleine zu tun.

Ich kann gar nicht genau erklären, wie ich es dann doch geschafft habe, aber anscheinend waren meine Gedanken so auf diese beiden Dinge gerichtet, dass ich eines Tages einfach anfing, den Bodenbelag aus der Küche zu reißen und ab ging die Luzie!

Stück für Stück und mit vielen Hürden, Tobsuchtsanfällen und super Stolzattacken hatte ich am Ende des Sommers eine wirklich schöne neue Küche zusammengeschustert und einen 11-tägigen Tunesienurlaub mit meinen Kindern hinter mir.

Selbst wenn Du nicht überzeugt bist, dass alles so einfach gehen kann, probiere es einfach aus. Und siehe da, es wird funktionieren!

Mut

Mut drückt sich auf verschiedenste Art und Weise aus. Mut zu zeigen, kann auch einfach darin bestehen, neue Wege zu gehen, Dinge zu tun, die Du noch nie getan hast.

Für den einen bedeutet das vielleicht endlich mit 45 Jahren den Führerschein zu machen oder endlich eine wichtige Person anzurufen, in ein neues Geschäft zu gehen oder sonst irgendetwas.

Wichtig ist die Tatsache, dass Du aus Deinem „Schneckenhaus", Deinem gewohnten Verhalten herauskommst.

Das können ganz kleine Schritte sein, aber genau diese kleinen Veränderungen öffnen Dir neue Sichtweisen.

Du erfährst, dass Dinge nicht so schwierig sind, wie sie zuerst wirkten und Du gewinnst an Sicherheit und wächst daran.

Ganz wichtig ist der Spaßfaktor dabei.

Zudem bist Du in Deinem Verhalten auch ein Vorbild für Dein Kind bzw. Deine Kinder. Wenn Du möchtest, dass Deine Kinder zu mutigen Menschen mit offener Sichtweise dem Leben gegenüber werden, dann ist es das Beste genau das vorzuleben.

Deine Kinder sind Dein Spiegelbild.

Wenn wir das erkennen, sind wir einen riesengroßen Schritt weiter und uns wird klar, dass sich unser Spiegelbild ändert, wenn wir uns ändern. Nicht wahr?

Es liegt allein in unserer Hand. Nicht außerhalb. Bei niemandem sonst dort draußen.

Die Beziehung zu unseren Kindern liegt allein in unserer Hand. Wir tragen die Verantwortung. Wir selbst. Ganz allein. Und wir wurden von Natur aus mit allem ausgestattet, um diese zu meistern.

Wir können Dinge, die uns belasten zu unserer Zufriedenheit ändern.

Wir haben immer die Wahl.

Ja, dass ist eine gewagte Aussage. Aber EVEs sind von Natur aus kühn und gehen gewagt vor. Und wer nicht wagt, der nicht gewinnt.

Also wage ich mich hier noch weiter vor und sage sogar: Wer es wagt, eine eigene Wahl zu treffen und die Verantwortung für sein Handeln ganz klar selbst übernimmt, dem werden sich plötzlich Türen auftun, Wege ebnen und Gelegenheiten auftun, die ihn auf seinem Weg voranbringen.

„In dem Augenblick, in dem man sich endgültig einer Aufgabe verschreibt, bewegt sich die Vorsehung auch. Alle möglichen Dinge, die sonst nie geschehen wären, geschehen, um einem zu helfen.

Ein ganzer Strom von Ereignissen wird in Gang gesetzt durch die Entscheidung, und er sorgt zu den eigenen Gunsten für zahlreiche unvorhergesehene Zufälle, Begegnungen und materielle Hilfen, die sich kein Mensch je so erträumt haben könnte.

Was immer du kannst, beginne es.

Kühnheit trägt Genius, Macht und Magie.

Beginne jetzt!“

(Johann Wolfgang von Goethe)

Klarheit ist der Schlüssel. Als ich mir total klar wurde, dass mein Kind mein Spiegelbild ist, spürte ich das erste Mal diese Macht in meinen Händen, allein und eigenverantwortlich zu handeln und nicht Opfer irgendeines anderen oder irgendeiner prekären Situation zu sein. Ich kann meiner Tochter Liebe zeigen und sie erwidert sie.

Verliere ich mich in finanziellem, beruflichen, emotionalen oder gesundheitlichen Stress, erwidert sie all das und reagiert entsprechend gestresst.

Was für ein Wahnsinn. Wie wunderbar Mutter Natur das eingerichtet hat. Ich möchte jetzt nicht sagen, dass ist schon fast ein Gradmesser für meinen tagtäglichen Stress, aber ja, irgendwie schon. Für mich dient es als Warnhinweis, dass ich mich doch bitte mal wieder um mich kümmern muss und eine Auszeit und Entspannung brauche. Und vor allem Spaß und Genuss im Alltag.

Natürlich wird einem so auch klar, welch unglaublich große Verantwortung einem selbst zufällt. Man kann niemand anderen verantwortlich machen für seine eigene Misere.

Das machte mir im ersten Moment förmlich Angst. Gleichzeitig schwand ganz schnell das Gefühl, ein Opfer meiner Lebenssituation zu sein. Ich will mich nicht als Opfer fühlen, sondern als Mensch, der sein Leben aktiv in die Hand nimmt.

Ich allein bin verantwortlich, was in meinem Leben geschieht.

Ich bin hier diejenige, die die Macht hat, das zu ändern. Die Situation. Mich selbst. Meine Einstellung. Mein Kopfkino. Meine Gedanken. Meine Gefühle. Meinen Genuss und Spaß am Leben.

Plötzlich überkam mich ein Gefühl von „Supermom“. Mensch. Das ist der Schlüssel. Bingo. Hast Du das nicht schon in so vielen Büchern gelesen. Das Gesetz der Anziehung. The Secret. Einstein, Buddha, Jesus, Mohammed und so viele andere. Funktioniert das Leben tatsächlich so? Ja. Genau so. Es ist wichtig, was Du denkst und damit auch, was Du glaubst. Kurzum:

Dein Glaube versetzt Berge.

Menschen setzen enorme, phänomenale Kräfte frei, wenn sie glauben, etwas tun zu können. Übermenschliche Kräfte, die uns völlig unerklärlich erscheinen. Und doch ist es Realität. Es gibt unzählige Geschichten, die mich immer wieder faszinierten.

Treffe eine klare Entscheidung und leg los !

So rettete zum Beispiel eine Mutter ihr 2-jähriges Kind, das nach einem Autounfall unter dem auf dem Kopf liegenden Wrack ihres Autos eingequetscht war. Die Mutter hob das Auto aus eigener Kraft an und zog ihr Kind hervor. Eine Frau, die in einem Moment Tonnen von Gewicht hochheben kann, um fest entschlossen das Leben ihres Kindes zu retten. Eine wahre Geschichte.

Das nenne ich Fokus. Dazu ist ein Mensch fähig. Eine Frau. Eine E.V.E. In uns schlummern weit mehr ungenutzte Kräfte, als wir uns je vorstellen könnten. Alles was nötig ist, um sie zu entfesseln, ist Entschlossenheit.

Leichtigkeit und Momente des Glücks

Sabine: Ich sitze auf dem Fahrrad und fahre so vor mich hin, und auf einmal frage ich mich: Bin ich eigentlich glücklich? Ich überlege und überlege und stelle fest, dass mich im Moment nichts ärgert, nichts nervt, ganz im Gegenteil mir erscheint das Leben so schön. Das Wetter ist herrlich, ich finde mich sehr hübsch, meine Arbeit macht mir viel Spaß, Verabredungen mit Freunden häufen sich und ich erlebe endlich wieder etwas. Trotzdem wage ich es irgendwie nicht, mich als glücklich zu bezeichnen. Aber ich fühle eine tiefe Zufriedenheit, die mich ständig umgibt. Menschen, die mich fragen: Na, wie geht's denn so? bekommen die Antwort: Mir geht's sehr gut, alles läuft und ich sage es nicht nur so dahin, sondern ich meine es auch so. Eigentlich würde ich am liebsten genau aufzählen, was alles so schön ist, aber ich habe den Eindruck, die Leute haben gar nicht so viel Zeit, sich die lange Liste der erfreulichen Dinge des Lebens anzuhören.

Glücklich... zufrieden... Tja, was ist es denn nun? Man sagt doch immer, man kann das Glück nicht festhalten, aber man kann sein Leben so einrichten, dass man zufrieden ist und für mich heißt Zufriedenheit auch glücklich sein.

Doch woher kommt denn plötzlich dieses angenehme Gefühl? Wann hat sich mein Leben so verändert, dass ich auf einmal ganz spontan eine Fahrradtour von 40 km in brütender Hitze runterreiße und mich so stark und frei fühle?

Oder hat sich gar nicht mein Leben, sondern habe ich mich selbst verändert? Es ist wohl eine Mischung von beidem,

das eine bedingt das andere.

5. FREIRAUMERKÄMPFUNG: E.V.E.S BILDEN NETZWERKE UND MACHEN SICH DAS LEBEN LEICHTER

So, Du lebst nun also erfolgreich als E.V.E., hast vieles sehr gut, manches gut und vielleicht das eine oder andere nicht ganz so gut im Griff. Das ist doch schon sehr erfreulich.

Leider neigen wir Menschen oder besonders wir Frauen dazu, nicht auf die Dinge zu schauen, die toll sind, sondern vielmehr immer zu an Probleme zu denken. Deshalb ist es unbedingt erforderlich, sich immer und immer wieder an den Dingen zu erfreuen, die super sind und auch stolz darauf zu sein. Wenn wir uns einfach mal trauen, zu schauen, wie gut wir eigentlich sind, wird das Wenige was nicht so optimal ist weniger bedrohlich wirken.

Sobald uns die positiven Dinge in unserem Leben klarer werden, egal ob es viele oder wenige, offensichtliche oder nicht offensichtliche sind, können wir auch Dankbarkeit empfinden.

Dieses Gefühl von Dankbarkeit ist wohl das effektivste Instrument, um mehr Dinge in unser Leben zu ziehen, für die wir dankbar sein können.

Ich habe es mir zur Gewohnheit gemacht, beim ersten Aufwachen zuerst an die Dinge zu denken, für die ich dankbar bin.

Manchmal fällt das leicht, manchmal sehr schwer. Aber es funktioniert, ich beginne den Tag dadurch mit einer positiven Grundeinstellung und so können auch mehr positive Dinge in mein Leben treten. Egal ob ich schon meinen Morgenespresso hatte oder nicht, egal wie müde ich bin oder nicht.

Unser E.V.E. Praxis-Tipp:

Beginne den Morgen, wenn Du die Augen aufschlägst mit folgenden Gedanken: „Was für ein schöner Morgen, mal sehen was der Tag für mich bereit hält.“ Das ist allemal besser, als immer nur daran zu denken, wie müde Du bist, wie viel Arbeit auf Dich wartet oder welche anderen unangenehmen Dinge Dir wohl passieren werden.

Mit Deiner inneren Einstellung kannst Du tatsächlich Dich und Dein Umfeld in eine andere Richtung lenken.

Auch am Abend, kurz vor dem Zubettgehen, führe ich das gleiche Ritual durch. Nach dem Gute-Nacht-Gebet mit meiner Tochter zählt sie mir immer mindestens 10 Dinge auf, für die sie dankbar ist. Das ist ein Spiel, das mein Kind mit positiven Gedanken einschlafen lässt. Und mich ebenfalls.

Gerade vor dem Einschlafen sollten wir uns nicht mehr mit negativen Bildern, Eindrücken oder Gedanken belasten. Diese setzen ihre Wirkung im Schlaf fort.

Seitdem mir das klar wurde, habe ich die Spätnachrichten im TV aus meinem Leben gestrichen. Leider bestehen ohnehin alle Nachrichtensendungen zu 90 % aus Negativmeldungen, daher erspare ich mir die eindringlichen Bilder und Berichterstattungen einfach.

Ich schlafe besser ein, wenn sich in meinem Kopf nicht das Bild eines zersprengten Autos und blutüberströmter Körperteile festsetzt. Das heißt nicht, dass ich das Geschehen auf der Welt ignoriere. Oh nein. Ich führe mir die täglichen Nachrichten nur in menschlichen und verträglichen Häppchen zu und filtere alles, um meine Gedanken auf Schöneres und Einträglicheres zu konzentrieren.

Und siehe da, meine Laune ging schnurstracks in die Höhe. Und mein Wohlbefinden auch. Dafür bin ich dankbar. Außerdem fühle ich mich viel energiegeladener, wenn ich gutgelaunt bin.

Und Energie ist ja auch nötig bei unserem Job. Und da wären wir bei der vermutlich größten Herausforderung einer jeden E.V.E.:

Freiraumerkämpfung

Ich habe eine gute Freundin, die ich schon seit vielen Jahren kenne. Wir hatten mal mehr, mal weniger Kontakt, aber in den letzten Jahren sehen wir uns wieder sehr regelmäßig. Sie hat keine Kinder, lebt im Moment als Single, hat einen guten Job und sie lebt in einer schönen Wohnung. Also kurz gesagt, sie lebt ein völlig anderes Leben als ich.

Sie besucht Kurse und nimmt am kulturellen Leben teil, besucht Freunde in London oder Amerika. Meistens besucht sie mich in meiner Wohnung, da ich bei unseren Gesprächen so ganz nebenbei immer noch irgendetwas erledigen kann, Wäsche waschen, Hausaufgaben kontrollieren, Küche putzen, Essen kochen usw. usw.

Trotz unserer unterschiedlichen Lebensweise haben wir jede Menge Gesprächsthemen, können gemeinsam lachen oder über vergangene Zeiten quatschen. Dies kann nur deshalb funktionieren, da wir die Prioritäten im Leben des anderen akzeptieren und nachempfinden können.

So manches Mal keimt schon so ein klitzekleiner Funke von Neid in mir auf, doch auch mal wieder so unabhängig über meine Zeit verfügen zu können, mir gedankenlos ein tolles Parfüm für den Preis eines Wocheneinkaufs zu gönnen usw. usw. usw.

Dieser kleine Funke erlischt aber auch ganz schnell wieder, da das Leben mit den Kindern mindestens genauso viel wert ist. Spätestens jedoch bei der Überreichung des Oskars für die „Beste Mami der Welt“ zu Weihnachten oder den selbstgebastelten, wunderschönen Gutscheinen für allerlei Hausarbeit wird mir klar, dass ich niemals tauschen möchte.

Auch meine Freundin überkommt dann ein kleines Wehmutsgefühl, da sie sich ja vielleicht alles kaufen kann, aber die Freude, die wir mit unseren Kindern haben, kann man sich eben nirgendwo kaufen.

Genau daran sollten wir uns in schwierigen Momenten, in Zeiten der Überforderung, erinnern, denn es sind doch eben unsere Kinder, die uns die Kraft und Stärke geben und uns motivieren, so manches Mal über unseren Schatten zu springen und über uns hinaus zu wachsen. Oder fällt Dir ein besserer Grund ein, für den Du Dich so abmühen würdest?

Nun stell Dir aber mal vor, Du könntest beides haben! Die vielen Annehmlichkeiten des Single-Daseins sowie das wohlige Gefühl des Super-Mom-Lebens. Wäre das nicht toll? Muss es denn immer heißen: „Man kann im Leben nicht alles haben!“ Es könnte doch auch heißen „Nur das Beste ist gut genug für eine E.V.E.“ oder vielleicht „Alles ist zu haben, Du musst es nur wagen“ oder ganz einfach…

Yes we can !

Träumen ist doch erlaubt…

Nun zunächst aber zu der alles entscheidenden Frage, wie schafft sich E.V.E. denn nun Freiräume?

Setze klare Prioritäten!

Welche Aufgaben, Inhalte sind Dir am Wichtigsten? Wofür möchtest Du Dich stark oder weniger stark engagieren? Musst Du z. B. schon wieder als Elternvertreterin ganze Abende mit Listen schreiben, Telefonaten und Festvorbereitungen verbringen oder reicht es diesmal auch, nur einen Kuchen für das Weihnachtsfest zu backen und mit der Lehrerin nett zu plaudern?

Eine E.V.E. muss nicht perfekt sein. Es dürfen auch mal die Fertigfritten sein, wenn für langes Schnippeln von Biokartoffeln keine Zeit ist und man so bei Laune bleibt.

Auch in punkto Arbeit solltest Du genau abwägen, inwieweit Du Aufgaben bewältigen kannst oder eben auch nicht. Denn es ist weitaus besser die Dinge, die man tut, lieber richtig zu machen, als halbfertige oder noch schlimmer, schlechte Ergebnisse abzuliefern.

Weniger ist manchmal mehr.

Du brauchst nicht immer und überall die Beste, Fleißigste, Kreativste und Schnellste sein. Nein. Lerne lieber Deine Kräfte sinnvoll dort einzusetzen, wo sie für Dich und Deine Kinder wirklich wichtig sind.

Wenn Du Dir eingestehst, dass Du trotz Deiner vielfältigen Fähigkeiten für das eine oder andere Mal doch Hilfe benötigst, ist das doch völlig in Ordnung. Du darfst auch mal schwach sein, einen Fehler machen, etwas vergessen.

Eine E.V.E. steht zu ihren Schwächen, sie sieht frauentypischen Perfektionismus als gesundheitsschädigend und zeitraubend an und sorgt dafür, dass sie sich kleine freie Momente schaffen kann. Um durchzuatmen. Mal eben so zwischendurch. Oder um ihre gute Laune zu bewahren.

E.V.E. = perfekte Imperfektion

Eigenverantwortlich erziehen heißt nicht alles allein stemmen zu müssen. Ganz im Gegenteil: Wir müssen lernen, uns helfen zu lassen und selbst zu helfen.

Sicherlich kennst Du auch Situationen, in denen Du in etwas hineingelobt wirst. Nach dem Motto: Du kannst das so toll oder Du hast so viel Erfahrung in dieser Sache, dass es Dir doch sicher nichts ausmacht, das diesmal zu übernehmen. NEIN.

Mit einem freundlichen, aber bestimmten NEIN darfst Du Dinge auch ablehnen. Du musst auch gar keine Erklärungen oder Entschuldigungen liefern, wenn Du nicht möchtest. Dieser Teil fällt mir persönlich ziemlich schwer. Aber im Endeffekt ist es auch nur Übungssache.

Also sag ab und zu NEIN. Übe Dich darin. Trau Dich. Tu's einfach. Im Übrigen „Nein." ist ein ganzer Satz ☺ Du musst dem nichts hinzufügen...

Schaff Dir dadurch Raum und Zeit. Freiraum für Dich. Übung macht den Meister…

Neue Freizeit = wertvolles Gut

Ein Jahr geht dem Ende zu. Wir haben Ende Dezember, es war wieder ein Jahr voller Höhen und Tiefen, Erfolge und Misserfolge, Zeit mit sehr viel Spaß und Zeiten, in denen wir manchmal nicht genau wussten, ob wir lachen oder weinen sollten.

Besonders die vergangenen Wochen waren gespickt mit einer unüberschaubaren Menge an Arbeit, ausgesprochen wichtigen privaten Entscheidungen und Tausenden von Fragen und Wünschen der Kinder.

An ein Weiterkommen des Schreibens an unserem Buch war nicht mal im Traum zu denken. Trotzdem waren wir gedanklich immer bei unserem Thema: E.V.E.

Es macht einfach so viel Spaß, sich vorzustellen, ein Buch über ein Thema zu schreiben, das so viele Frauen betrifft und so, wie wir hoffen, für viele Frauen zum einen eine lustige Lektüre, aber zum anderen auch Hilfe fürs alltägliche Leben darstellt.

Schon allein der Gedanke daran, dass wir Frauen dazu bringen können, sich selbst nicht zu vergessen, ihre tollen Stärken zu erkennen, neue Wege für sich zu entwickeln, treibt uns an.

Wir haben uns zwar ziemlich verschätzt in dem Zeitrahmen, in dem wir voran kommen wollten, aber es ist auch nur allzu verständlich und nachvollziehbar, wenn wir euch mal wieder eine kleine Anekdote aus unserem „wirklichen Leben" erzählen…

Also, wir schreiben Ende Dezember 2013: wir wollen uns zusammensetzen und sozusagen ein Jahresabschlusstreffen halten. Wir ihr ja wahrscheinlich aus eigener Erfahrung wisst, ist das als E.V.E. nicht ganz so einfach zu bewerkstelligen. Termin verabreden, Treffen, reden, fertig. Oh nein, weit gefehlt! So läuft das nicht bei uns.

Nach einigem Hin und Her finden wir endlich einen Abend, der uns günstig erscheint. Wir organisieren die Betreuung der Kinder, sorgen dafür, dass ihr leibliches Wohl gewährleistet ist und der Fernseher auch funktioniert. Es scheinen optimale Voraussetzungen für ein zweistündiges Treffen beim Mexikaner.

Was soll ich sagen, es dauerte genau 4 Minuten, nachdem wir uns an den Tisch gesetzt haben und das Telefon klingelt. Ich gehe ran und mein Gesicht entgleitet. Anja wird von kalter Angst gepackt, selten hat sie mich so ernst erlebt.

Tja, ihr werdet es kaum glauben, welches Drama sich ereignet hat. Unser neuer Hamster ist aus dem Käfig ausgebrochen.

Zielstrebig wie Hamster so sind ist er die Treppen hinauf in die Küche gerannt und meinte, sich hinter dem Einbauherd eine „Auszeit“ gönnen zu müssen.

Meine Tochter steht also kurz vor einem hysterischen Anfall, da ich mehrmals eindringlich erklärt hatte, alles kann passieren, nur hinter den Herd darf das Viech nicht!

Ich weigerte mich konsequent sofort nach Hause zu eilen und zog mir natürlich den Zorn meiner Tochter zu. Wir hatten jedoch zu hart für unseren freien Abend gekämpft, um ihn nach nur 4 Minuten wieder zu beenden.

Wir Du Dir denken kannst, entbrannte natürlich sofort ein wilder Kampf der Gefühle in uns. Sollten wir lieben gehen und unsere Pflichten als gute Mutter erfüllen oder dürfen wir doch so egoistisch sein und einfach sitzenbleiben?

Der Notfall erschien uns dann doch nicht groß genug und wir bestellten uns zur Feier des Tages einen leckeren Cocktail. Dieser Entschluss war dann auch der richtige, denn einige Zeit später kam die erlösende Nachricht vom wieder eingefangenen Hamster und so konnten wir uns tatsächlich einen schönen Abend machen.

Trotzdem nagte der Stachel der Eifersucht und die Frage in uns,

warum schafft es sogar ein Hamster eher sich eine Auszeit zu nehmen als wir?

Die Moral der Geschichte lautet nun aber nicht, schaffe Dir keine Hamster an. Nein, Haustiere sind wunderbar und ihr positiver Einfluss ist nicht zu unterschätzen. Nein, das Fazit war:

1. Verfolge hartnäckig Dein Ziel und Du wirst es erreichen (siehe Hamster).

2. Wenn Du die Probleme Deiner Kinder nicht sofort zu Deinen eigenen machst und sie löst, erziehst Du die Kinder zu mehr Selbstständigkeit und verhilfst ihnen zu eigenen Erfolgen. Und gleichzeitig gewinnst Du auch für Dich etwas emotionalen Freiraum. Schlaumeier nennen das auch „loslassen".

Also: Du musst nicht immer parat sein. Bisweilen lösen sich die Dinge von allein. Oder wie meine Tochter sagt: „Nun chill' mal Mama."

E.V.E.S vernetzen sich

Freiraum entsteht dort, wo man sich gegenseitig unter die Arme greift. Wir sind zum Beispiel zwei E.V.E.s, die sich gegenseitig so viel ausgetauscht und mit Babysitten ausgeholfen haben, dass wir uns gar nicht vorstellen können, wie wir das alleine hätten bewältigen können. Uns wurde klar, durch gemeinsame Unterstützung fällt das Leben viel leichter.

Bist Du eine stille Einzelkämpferin wie so viele von uns? Oder bist Du bereits erfolgreich vernetzt mit anderen E.V.E.s?

Kannst Du Dir vorstellen, dass Du vom Kontakt zu anderen E.V.E.s in Deiner Nähe profitieren kannst? Spielzeug, Kinderklamotten oder Meinungen austauschen, gegenseitiges Babysitten, es gibt so viele Möglichkeiten. Wir wollen Dir auf **www.evesweb.de** und auch auf Facebook einen Platz bieten, an dem Du mit E.V.E.s in Deiner Nähe in Kontakt kommen und Dich erfolgreich vernetzen kannst. Immer mit dem Ziel, Dein Leben zu erleichtern und mehr Spaß zu haben!

Freie Zeit = Luxus

Wenn Du es geschafft hast, Dir Freiräume zu erarbeiten, stellt sich die nächste Frage: Was tue ich eigentlich mit meiner freien Zeit? Sonst ist das für mich immer relativ klar geregelt gewesen: Essensbeschaffung, Essenszubereitung, Putzen, Aufräumen. Doch was nun?

Pensum -> Freiraumerkämpfung -> „Hä?“ -> E.V.E.

Ja was nun? Genieß die Zeit! Gönn Dir was! Entspanne Dich! Tu was Dir Freude macht! Egal, was immer es ist: Hauptsache, es macht Dir Spaß und Du genießt die Zeit als E.V.E. !

Das ist ein Befehl.

6. E.V.E.S HABEN IHRE FINANZEN IM GRIFF UND SIND FLÜSSIG

47,7 % aller alleinerziehenden Mütter haben finanzielle Probleme. Soweit die aktuelle Statistik. Das ist fast jede zweite von uns!

Finanzieller Druck führt schnell zu gesundheitlichen Beschwerden, wie viele von uns können nachts nicht schlafen? Oder beugen sich unter drückenden Rückenschmerzen, weil sie diese Last „buckeln" müssen? Oder ist es chronische Bronchitis oder Sinusitis, weil sie die „Nase voll" haben oder Migräne, weil die Gedanken im Kopf unaufhörlich wie im Hamsterrad kreisen?

Nun stell Dir vor, alle Rechnungen sind bezahlt und der finanzielle Druck ist plötzlich weg. Wie fühlt sich das an?

Bringen wir es auf den Punkt:

mehr Geld = weniger Stress

Oder im Gegenzug könnten wir auch sagen: Weniger Geld = mehr Stress und Ärger. Ist es nicht so?

Das liebe Geld

Argumente hin oder her. Wir können es lieben oder hassen. Jeden Cent umdrehen und sparen bis zum Umfallen oder lieber gleich alles auf den Kopf hauen. Oder wir wenden die beliebte Vogel-Strauß-Taktik an und vermeiden dieses Thema einfach völlig. Kontoauszüge? Was ist das? Äh da war was im letzten Monat, ja mal sehen, ob ich ihn finde… Irgendwo im Wäschekorb unter dem Stapel Papiere, die ich doch schon längst sortieren wollte...

Egal, was Du nun denken magst, als E.V.E. komme ich erfahrungsgemäß nicht umhin: Mehr Geld bedeutet für mich zunächst weniger Stress und mehr Spaß und Entspannung!

Ja und vielleicht gar eine Putzfrau. Oder eine Haushaltshilfe, Kindermädchen, ein Au Pair? Eine Massage im Monat. Kosmetik? Frisör? Mal der gute Wein? Oder sonntags im Restaurant schlemmen? Ein lang ersehnter Urlaub mit den Kindern?

Also, Kopf aus dem Sand und aufgewacht!

Nehmen wir das Thema Geld ernst und kümmern wir uns drum. Wir sind im Grunde alle erstklassige Manager unseres Alltags, also können wir auch unser Geld selbst managen.

Mit Geld verhält es sich nicht viel anders als mit Kindern. Kümmert man sich ordentlich drum, wächst und gedeiht es prächtig. Praktisch von selbst. Schenkt man seiner finanziellen Situation und seinem Geld keine Aufmerksamkeit, verkümmert und verwahrlost es. Es entgleitet uns und rinnt einem nur so Durch die Finger.

Geld will lediglich unseren Respekt und Aufmerksamkeit, dann kommt es immer wieder gerne zu uns zurück und fließt nicht so schnell wieder weg.

E.V.E.s und Geld

Als E.V.E. bekenne ich mich dazu: Geld ist wichtig. Nicht das Wichtigste, aber wichtig. Ich ignoriere das Thema nicht weiter, weil es mich stresst, weil ich keine Lust darauf habe, weil ich keine Ahnung davon habe oder weil ich es vielleicht für „unspirituell" halte. Nein, ich treffe für mich die Entscheidung, dass es einfach wichtig ist. Hier und jetzt. Und statt über meinen Mangel an Geld zu jammern, übernehme ich als EVE hier und jetzt aktiv die Verantwortung. Ich handle eigenverantwortlich und mache mich daran, mich um mein Geld zu kümmern.

Ich lerne über den Umgang mit Geld und ich frage, wenn sich Fragen über finanzielles Kauderwelsch auftun. Man kann alles lernen, auch den richtigen Umgang mit Geld und wie man es vermehrt. Schlau daher redende Bankfachangestellte, die ich gerne lieber als „Bankverkäufer" betrachte, sollten einen nicht davon abhalten zu hinterfragen und zu lernen und als E.V.E. seinem gesunden Menschenverstand zu vertrauen. Denn der entscheidet letztendlich auch darüber, ob es mit unseren Finanzen auf- oder abwärts geht. Daher sagen wir

Vertraue Deinem Instinkt!

Du wirst sehen es macht sogar Spaß! Und wenn Du ein sehr gläubiger Mensch bist und dieses Thema Dir allzu materiell daherkommt: Denk daran, frau muss sich nicht entscheiden, ob sie lieber spirituell oder reich sein will, E.V.E. kann spirituell UND reich sein. Es nützt mir nichts, wenn ich spirituell aber pleite bin, so kann ich niemandem helfen. Das würde ich aber gerade als spiritueller oder gläubiger Mensch gerne tun, um meinen Beitrag in der Gesellschaft zu leisten. Einfach auch, weil es sich gut anfühlt, geben zu können.

Anders sieht es aus, wenn Du genügend Geld verdienst und auch genügend übrig hast, um Deiner Familie und anderen zu helfen, sinnvolle Projekte zu unterstützen und denen, die es brauchen aktiv zu helfen.

Eine gesunde Einstellung zum Geld allgemein und das Eingeständnis, dass Geld wichtig ist, um das Leben leben zu können, das wir uns wünschen, ist die wichtigste Voraussetzung.

Wir werden als Kinder schon von Eltern, Lehrern und von der Kirche geprägt in punkto Geld und viele dieser Glaubenssätze sind völlig kontraproduktiv. Gedanken wie „Geld wächst nicht auf Bäumen", „Geld verdirbt den Charakter" oder „Reiche Leute sind gierig" sind uns doch allen bekannt. Dieses erlernte negative Denken führte bei mir nicht unbedingt dazu, Millionen zu verdienen. Dieses unbewusste Denken ist in unserer Gesellschaft so weit verbreitet, dass es wirklich erschreckend ist. Als mir das Gesetz der Anziehung und der richtigen Einstellung klar wurde, begriff ich auch, dass ich mit solch einer Art von Denken niemals genügend Geld verdienen, geschweige denn reich werden würde. Bewusst wollte ich zwar Geld, aber unbewusst stoß ich es von mir weg, weil ich es durch meine Denkweise nicht akzeptierte.

Dieses Thema ließ mir keine Ruhe und ich dachte immer mehr darüber nach, weil ich meine verheerende finanzielle Situation als Alleinerziehende natürlich auch ändern wollte. Immer so kurz vorm nervlichen und finanziellen Abgrund zu hantieren, das geht schon mal an die Substanz und an die gute Laune. Da fiel der Groschen! Spät zwar, aber keinesfalls zu spät!

All diese negativen Glaubenssätze und Kommentare über reiche Menschen und über Geld kamen durchwegs von Menschen, die selbst nicht außergewöhnlich reich waren, nein im Gegenteil. Viele davon waren nahe an der Pleite, lebten bescheiden und hatten selbst Geldprobleme. Das gab mir zu denken.

So las ich immer mehr Bücher über reiche Menschen, informierte mich immer mehr über das Thema und plötzlich traten auch immer mehr reiche erfolgreiche Menschen in mein Leben. Und die meisten davon sind wunderbare sympathische Menschen. Die Mauer meiner Vorurteile begann zu bröckeln. Wie denken diese Menschen über Geld? Ist es ihr einziger Lebensinhalt, weil sie so viel davon haben? Fliegt es Ihnen nur so zu? Oder rackern sie sich dafür ab? Tausende Fragen, die mich wirklich beschäftigten und mich zu einem positiven Fazit kommen ließen:

Reiche Menschen haben allesamt eine positive Einstellung zum Geld. Sie kümmern sich darum und betrachten Geld als wichtig.

Erfolgreiche Menschen, und damit meine ich reiche Menschen, die ihr Leben gesund und glücklich genießen und erfolgreich das tun, was sie erfüllt und was ihnen Spaß macht, empfinden Geld ebenfalls als wichtig, aber eben nicht das wichtigste.

Dass es davon Ausnahmen gibt, die die Regel bestätigen, ist doch klar, doch die habe ich noch nicht kennengelernt. Und gierige Menschen mit verdorbenem Charakter gibt es auch unter Leuten, die pleite sind. Nicht wahr? Das soll uns aber hier nicht weiter interessieren, denn wir wollen uns hier auf positive Vorbilder konzentrieren, von denen man auch etwas lernen kann.

Ich sehe Geld als eine Art Brennglas, das wie eine Lupe, vorhandene Charaktereigenschaften verstärkt. Nichts anderes. Geld kann wie eine Art Düsenantrieb wirken, das ist ziemlich aufregend, weil man zum Beispiel Dinge machen kann, die einem ohne nicht möglich sind.

Denke stets positiv über Geld

Denke einmal konsequent darüber nach, was Du in Deinem tiefsten Inneren über Geld denkst. Ist es positiv oder negativ?

Kommen Dir Sätze, wie die zuvor genannten bekannt vor?

Bist Du bereit, Dein Denken zu ändern und damit auch Veränderungen in Deinem Leben einzuläuten? Willst Du das wirklich?

Glaubst Du, Du hast es verdient, das Doppelte zu verdienen?

Kannst Du Dir das überhaupt vorstellen?

Wie viel Geld genau fehlt dir am Monatsende?

Welches Monatseinkommen wäre für Dich wünschenswert?

Was würdest Du Dir damit leisten?

Wie würde sich Dein Leben dadurch ändern?

Jede E.V.E. hat es verdient, reich zu sein

Nimm Dir 5 Minuten und denke darüber nach. Beantworte diese Fragen. Sie sind grundsätzlich wichtig.

Lass Dich nicht davon abhalten, weil Du nicht weißt, wie sich diese Träume oder Ziele überhaupt realisieren sollen. Das „Wie" ist erst der 2. Schritt. Gehe erst den ersten Schritt.

Werde Dir klar, wie viel Geld Du haben oder verdienen willst, wie viel Du brauchst, um Dein Leben entspannter und glücklicher zu gestalten. Trau Dich. Sei realistisch dabei. Bei jedem von uns liegt die Messlatte anders. Jeder von uns wünscht sich etwas anderes. Finde exakt Dein Maß an Dingen, sei es ein gut bezahlter Job, eine Gehaltserhöhung, Geld für Urlaub, ein Auto, eine Nachhilfe, Babysitter oder eine Putzfrau, die Dir Arbeit abnimmt und Freiraum verschafft.

Du hast Deine Summe klar vor Augen? Prima, dann hast Du den ersten Schritt schon mal geschafft. Du weißt genau, was Du willst.

Um diesen ersten Schritt zu untermauern, frage Dich an dieser

Stelle bitte jetzt:

Warum will ich das?

Na? Das Warum ist Dein Antrieb und Deine Motivation, vielleicht unbeliebte schnöde Themen wie Finanzen, Geldmanagement oder Buchführung überhaupt anzugehen.

Mein treibendes Warum war immer mein Kind. Ein immenser Antrieb, den ich da als E.V.E. hatte und immer noch habe. Also warum willst Du was ändern?

Nun folgt das Wie. Die Umsetzung. Wie soll das alles bloß gehen?

Schritt für Schritt. Eins nach dem anderen. Jeder noch so kleine Schritt bewirkt eine Veränderung in die richtige Richtung.

Lottogewinne sind toll, aber ganz im Ernst: unwahrscheinlich. Wir E.V.E.s sind Realisten. Und es ist bewiesen, dass die Mehrheit aller Lottogewinner innerhalb kürzester Zeit wieder pleite ist! Ist das nicht verrückt? Das ist eine Tatsache, die Du Schwarz auf Weiß nachlesen kannst. Sie sind pleite, ganz einfach weil sie vom Gewinn überrascht wurden und sie ihre Einstellung zum Geld zuvor nie geändert hatten. So wird alles schnellstens ausgegeben und die meisten dieser Gewinner enden mit noch mehr Schulden als vorher. Das liegt nicht in E.V.E.s Interesse.

Wir gehen realistisch ran. Wir haben Verantwortung und handeln eigenverantwortlich. Zunächst sorgen wir für eine gesunde positive Einstellung zu Geld und verdammen es nicht mehr tagtäglich, sonst kommt es ja nie zu uns. Dann gehen wir Schritt für Schritt ran, unseren Finanzhaushalt aufzumöbeln.

Unser folgendes **7-Schritte-Programm** hat mir geholfen, die Weichen in die richtige Richtung zu stellen:

1. Mach einen knallharten Kassensturz

Kopf raus aus dem Sand und los. Blatt und Stift raus und knallhart alle Deine Einnahmen und Ausgaben auflisten. Monatliche Fixkosten und variable Kosten. Essen, Klamotten, Schuhe. Nagellacke, Café- und Kinobesuche. Wie viel verdiene ich monatlich? Welche Einnahmen habe ich zusätzlich? Kindergeld, Unterhalt? Wie viele Schulden habe ich haargenau? Welche Monatsraten zahle ich ab und wie lange noch? Was gebe ich monatlich eigentlich aus?

Um sich einen Überblick zu verschaffen, hilft es tatsächlich einmal drei Monate wirklich ein klassisches Haushaltsbuch zu führen. Lass es in der Küche liegen und liste jede kleine Ausgabe auf. Egal ob Bäcker, Drogeriemarkt, Café oder Supermarkt. Du wirst staunen, wo das Geld den lieben langen Monat überall hinfließt.

Wenn Du alles knallhart schwarz auf weiß zu Papier bringst. In irgendeiner Form, die für Dich übersichtlich ist, wirst Du merken, wie befreiend das schon einmal ist. Ganz einfach, es ist jetzt nicht mehr als Dunkler Dschungel irgendwo in Deinem Hinterkopf, sondern steht da ganz klar und verblümt auf Papier.

Ich muss gestehen, mich hat es ganz schön viel Mut gekostet, den Kopf endlich aus dem Sand zu ziehen und mich mit diesem Thema zu konfrontieren. Schluss mit dem ewigen „Ich krieg das schon irgendwie hin, es klappt ja eh immer irgendwie“. Jetzt kamen die Fakten auf den Tisch. Das ist eine knallharte Konfrontation mit der Realität, an die man oft einfach nicht so gerne denken will.

Doch nur wenn glasklare Fakten auf dem Tisch sind, sind sie a) raus aus Deinem Kopf und der Gedankenmühle und b) Grundlage für einen Plan, der zu positiven Änderungen der Situation führen kann. Nur so kannst Du was ändern.

Nun hast Du Klarheit, nun geht es zum nächsten Schritt:

2. Setze Prioritäten

Konfrontiert mit Deinem Kassensturz und Deiner aktuellen Situation, denkst Du nun vielleicht, ogott ich muss sofort hier und da einsparen! Ich sollte gar keinen teuren Latte Macchiato unterwegs trinken, lieber das billige Zeug zuhause und der Schuhfrustkauf darf auch nicht mehr sein. Stopp!

E.V.E.s brauchen Genuss. Das ist lebenswichtig wie Atmen. Wozu leben wir denn?

Im zweiten Schritt geht es darum Prioritäten zu setzen. Ja Du kannst in manchen Bereichen einsparen, dafür kannst Du in anderen Dir was leisten. Es ist wichtig, dass Du für Dich erklärst, welcher Bereich für Dich von Bedeutung ist und dort auch gerne Geld ausgibst. Dafür suchst Du Dir einen anderen Bereich, der Dir eben nicht so wichtig ist und dort sparst Du die Kohle wieder ein. Knallhart. Das ist Deine Verantwortung als E.V.E.

Das heißt, wenn ich weiterhin meinen Latte Macchiato im Café mit Freunden oder unterwegs genießen will, spare ich eben z. B. Geld ein, indem ich vielleicht zu einem billigeren Strom- oder Handyanbieter wechsle und da monatlich weniger zahle. Ich finde einfach Möglichkeiten, in anderen Bereichen, die mir weniger wichtig sind, Kosten zu reduzieren, so kann ich guten Gewissens Geld für die Dinge ausgeben, die ich liebe.

Verstehst Du was ich damit meine? Ich rufe hier nicht auf, rigoros zu sparen, den Gürtel enger zu schnallen und nur bei Wasser und Brot zu leben! Das funktioniert nicht. Wir sollen Spaß bei der Veränderung haben! Ich bin dafür, zu überlegen, was ist mir wichtig und was ist mir weniger wichtig. Und entsprechend dann sein Geld auszugeben. Das schafft mehr Balance. Finanziell und vor allem emotional.

Also finde den Bereich und die Dinge, die Du Dir gerne weiterhin gönnen willst. Und überlege Dir dann, wo könntest Du im Gegenzug weniger ausgeben um das zu finanzieren. Dann geht es weiter:

3. Mach Dir einen Plan

Setze Dir ein Ziel für das 1. Jahr. Wie soll Deine Situation in einem Jahr aussehen? Was willst Du verdienen und wie hoch dürfen Deine Kosten sein? Wie viel Schulden kannst Du tilgen? Wie kannst Du das schaffen? Welche Beträge monatlich? Welche Maßnahmen willst Du umsetzen? Welche Hilfe in Anspruch nehmen?

Setze Dir ein Ziel für drei Jahre. Wie soll Deine finanzielle Situation in 3 Jahren aussehen?

Und wenn Du schon dabei bist, erlaube Dir auch, vorzustellen, wo Du in 5 oder 10 Jahren stehen willst. Wohin soll die Reise gehen? Schon mal darüber nachgedacht?

Wichtig ist an dieser Stelle aber erst einmal, dass Du Dir einen Plan für 1 Jahr machst und dann ein Ziel setzt für 3 Jahre. Das bietet wunderbaren Antrieb in die richtige Richtung.

4. Reduziere Deine Kosten

Der klassische Tipp natürlich: Wie verbessere ich meine Situation? Weniger ausgeben, mehr einnehmen. Das klingt so banal, aber darin liegt wohl die ganze Wahrheit. Spar Dich nicht zu Tode, sondern setze Dir Prioritäten, wie in Schritt 2) genannt. Spaß ist wichtiger, um am Ball zu bleiben und Dinge zu verändern!

Prüfe, bei welchen Posten in Deinen Fixkosten Du Geld einsparen kannst. Lohnt sich ein Wechsel zu einem günstigeren Stromtarif, Gastarif, Handy- oder TV-Anbieter? Welches Zeitungsabo brauchst Du wirklich? Welche Versicherung? Wo sind Posten, die ich aus Faulheit nie gestrichen habe, die ich aber gar nicht mehr brauche?

Lohnt es sich, mal kräftig auszumisten und Dinge zu verkaufen, die ich nicht mehr brauche?

Kann ich Spielzeug und Kinderklamotten günstig über Tauschbörsen erhalten? Oder günstige Babysitter oder Nachhilfe für mein Kind? In Zeiten des Internets ist ein Austausch wunderbar unkompliziert und jederzeit möglich. Gute Links und Adressen findest Du auf www.evesweb.de

Ich habe zum Beispiel meine Kosten für Reisen reduziert. Seit 5 Jahren verbringe ich meinen Urlaub mit den Kindern praktisch kostenlos, u.a. mehrmals an der Côte d'Azur, in Marbella, in Paris... Wie das geht, erfährst Du unter anderem in Kapitel 9 dieses Buches „Bahamamama: E.V.E.s auf Reisen".

Spartipps findest Du auch in unserem Gratis-Ratgeber „Die 12 besten E.V.E.-Tipps für mehr Geld in der Tasche" auf www.evesweb.de.

5. Erhöhe Deine Einnahmen

Wie viel verdienst Du monatlich? Wie viel bist Du Dir wirklich wert? Sehe in den Spiegel und sieh Dich an. Wie viel bist Du Dir wert? Was würdest Du Dir wirklich zahlen, wenn Du Dein eigener Chef wärst?

Es fiel mir wirklich schwer, diese Frage zu beantworten. Wenn uns aber bewusst wird, dass wir immer so viel bekommen, wie viel wir uns innerlich auch wert sind, sehen wir auch, dass wir unsere Situation aktiv verändern können. Nach einer Gehalts- oder Lohnerhöhung zu fragen oder seine Preise als Freiberufler zu erhöhen erfordert Mut. Dieser Mut erwächst jedoch erst in uns, wenn uns klar wird, was wir uns wirklich wert sind. Was wir können und was wir uns zutrauen.

Also wie viel würdest Du Dir zahlen?

Dann frag danach. Wer nicht fragt, bekommt auch nichts. Das sagen wir doch auch unseren Kindern oder nicht?

Eine weitere Einnahmequelle, die allzu oft nicht in Anspruch genommen wird, weil es zunächst zu anstrengend sein mag, diesen Weg zu gehen, sind finanzielle Hilfen von außen.

Erstens vom Vater des Kindes und zweitens auch von Ämtern.

Unterhalt und weitere Hilfen in Form von Unterhaltsvorschüssen, Wohngeld etc. machen enorm viel aus. Es lohnt sich, Dich hier wirklich ausreichend zu informieren. Es ist der Mühe absolut wert. Mehr Infos zum Weiterlesen findest Du unter www.evesweb.de .

Nun hast Du die ersten wichtigen Schritte unternommen, Deine Geldsituation in eine positive Richtung zu lenken, nun kommt es praktisch nur noch darauf an, diese Richtung auch beizubehalten:

6. Konsequentes Geldmanagement

Wenn Du Schulden und kein Vermögen hast, sollte das erste Ziel immer schwarze Zahlen sein. Also raus aus den Schulden und Vermögen aufbauen. Damit Du aber nicht ständig an Schulden denken musst, solltest Du immer ein automatisches Schuldentilgungsprogramm aufstellen, das einfach im Hintergrund läuft und den Berg immer kleiner werden lässt, bis er ganz verschwindet. Das geht durch Daueraufträge oder Lastschriftvereinbarungen über Beträge, die Du monatlich tilgen kannst. Das erfordert einmal Darübernachdenken, Veranlassen und alles ist paletti. Du kannst Dich komplett mit Deinen Gedanken um andere Dinge kümmern.

Je öfter Du an Schulden denkst, umso mehr Schulden ziehst Du in Dein Leben. Auch hier wirkt das Gesetz der Anziehung. Also pass auf, woran Du denkst und womit Du Dich ständig in Gedanken beschäftigst. Es hilft Dir absolut nicht, Dich ständig um Deine Schulden zu „sorgen“. Das ist völlig kontraproduktiv und macht die Situation noch schlimmer.

Folge den ersten 5 Schritten und dann lege zunächst im 6. Schritt fest, wie Du eventuell vorhandene Schulden tilgst. Welchen Betrag kannst Du monatlich überweisen. Bitte per Lastschrift oder Dauerauftrag – also völlig automatisch. Unbedingt. So ist es raus aus dem Hirn. Und Dein Kopf ist frei für all den Rest. Die wichtigen Dinge.

Sobald das Thema Schulden erledigt ist und Du hier einen Automatismus aufgestellt hast, bleibt Dir ein bestimmter Betrag an Geld monatlich, den Du konsequent und systematisch verwalten oder managen solltest.

Hierzu gibt es unendlich viele verschiedene Strategien und Möglichkeiten, die in einem Meer von Finanzratgebern und Massen von Finanzcoaches erklärt werden. Ich habe sehr viele gelesen und Coaches gehört. Die für mich aufschlussreichsten Bücher und viele gute Tipps findest Du unter www.evesweb.de. Es lohnt sich auf alle Fälle sich damit zu beschäftigen.

Für ein konsequentes E.V.E.-Finanzmanagement empfehle ich nach Schuldentilgung (max. 10 % Deines Einkommens) folgende Aufteilung des verbleibenden Nettogeldbetrags:

- 10 % Vermögensaufbau / „sich selbst zahlen“
- 10 % Ausgeben / Spaß / Vergnügen
- 10 % Weiterbildung / Lernen / Seminare / Bücher
- 10 % Spenden für guten Zweck
- 60 % Rest / Lebenshaltungskosten

Das ist relativ übersichtlich und einfach. Je nach Höhe Deines Einkommens kannst Du diese Beträge variieren. Ich begann z. B. mit 70 % Lebenshaltungskosten und habe den Rest von 30 % gesplittet auf die anderen Posten, weil ich einfach nicht genug Geld verdient habe. Und die Miete und das Essen muss ja bezahlt werden. Die restlichen 30 % habe ich dann auf 10 % Spenden, 10 % Sparen/Vermögensaufbau, 5 % Spaß und 5 % Bücher und Weiterbildung aufgeteilt.

Wichtig ist vor allem, bereit zu sein, 10 % zu spenden. Abzugeben. Für einen guten Zweck. Für die Gesellschaft. Für soziale Zwecke. Für einen Dir wirklich wichtigen guten Zweck. Dadurch lernst Du a)zu geben und b) das Geben auch zu genießen. Es gibt einem ein unwahrscheinlich gutes Gefühl, geben zu können. Du fühlst Dich in diesem Moment reich. Und darauf kommt es an. Du fühlst Dich gut in diesem Moment und Du entwickelst einen positiven Bezug zu Geld. Du tust etwas aktiv für die Gesellschaft und das ist unglaublich wertvoll für Dich.

Diese 10 % oder den traditionellen „Zehnten" (Teil) zu geben, wie er schon in der Bibel erwähnt ist, machen den entscheidenden Unterschied aus. Weltberühmte erfolgreiche Menschen gaben traditionell immer 10 % ihres Vermögens für wohltätige Zwecke aus. Konsequent. Und es ist egal ob wir mit 10 EUR starten und davon 1 EUR spenden, wichtig ist, dass wir es tun. Jeder hat mal irgendwo begonnen, es ist egal wo, es kommt darauf an, dass wir es konsequent tun. Es funktioniert, wenn Du gibst, bekommst Du auch wieder zurück. Es ist ein ganz unglaubliches Wirken, aber es wirkt.

Ein wunderbares Buch zu diesem Thema, das ich nur empfehlen kann ist „Der reichste Mann von Babylon: Erfolgsgeheimnisse der Antike – Der erste Schritt in die finanzielle Freiheit" von George Samuel Clason und Antoinette Gittinger. Es erklärt dieses magische Gesetz und wie es seit Jahrtausenden traditionell angewandt wurde.

Also vertrau darauf, spende mit gutem Gewissen 10 % Deines Nettoeinkommens. Egal, wie viel Geld Du hast. Glaub mir, es ist gut angelegtes Geld. Pass genau auf, was passiert.

7. Richtiges Verhalten im Umgang mit Geld

Nun hast Du die ersten 6 Schritte erfolgreich bewältigt: Du hast einen Überblick über Deine Situation, hast Dir Ziele und Deine Prioritäten gesetzt, Deine Kosten reduziert, Deine Einnahmen möglicherweise schon erhöht, ein automatisches Schuldentilgungsprogramm eingerichtet und Dein Nettoeinkommen gut verwaltet und aufgeteilt.

Du hast als E.V.E. die richtige positive Einstellung zu Geld generell entwickelt und nun behältst Du diese auch bei durch das entsprechende Verhalten. Dazu gibt es auch wieder Tausende gut gemeinter Tipps, viele davon auch unter **www.evesweb.de**. Folgende möchten wir Dir als E.V.E. zunächst aber unbedingt ans Herz legen:

Zahle wenn möglich immer bar und vernichte alle Plastikkärtchen, so behältst Du auch wirklich den Überblick, wie viel Geld Du im Portemonnaie noch übrig hast.

Hebe am Monatsanfang Dein Budget in bar ab. Lerne mit Bargeld im Geldbeutel Dich sicher zu fühlen. Wenn Du Angst hast, das Geld zu schnell auszugeben, dann überleg' mal, welche Einstellung gegenüber Geld Du vermittelst! Ist Bargeld bei Dir sicher? Auch große Summen?

Um Dich gut mit Geld zu fühlen, trage immer einen 100 EUR- oder (wenn möglich) einen 500 EUR-Schein im Portemonnaie, den Du nicht ausgibst. Du siehst ihn immer, wenn Du die Geldbörse öffnest und fühlst Dich reich. Beobachte, ob Du Dich wohler damit fühlst.

Kaufe nichts spontan, das über 100 EUR kostet. Schlafe eine Nacht drüber und überlege am nächsten Tag, ob Du es wirklich willst und brauchst.

Mache keine Konsumschulden, die Du in Raten abbezahlst. Denn es kommt oft anders als man denkt. Verdiene erst das Geld, dann kauf Dir was. Nicht andersrum. Die komplette Industrie, Wirtschaft, TV-Werbung zielt auf Ratenangebote ab und führt uns E.V.E.s als Verbraucherinnen in Schulden. Ein Auto kostet inzwischen nicht mehr Zehntausende von Euro sondern nur noch 89 EUR im Monat. Mit Sternchen. Das Sternchen erklärt Dir dann in Kleinstschrift, was tatsächlich dahinter steckt. Also bitte überlege Dir haargenau, was Du monate- oder jahrelang abbezahlen willst! Mach Dich frei, vom Einfluss der konsumierenden Alles-jetzt-sofort-und-später-bezahlen-Gesellschaft. Deine Nerven werden es Dir danken. Und Dein(e) Kind(er) auch.

E.V.E.s sind Realisten und finanziell unabhängig

Eigenverantwortliches Handeln führt uns E.V.E.s letztendlich auch zu finanzieller Unabhängigkeit und zu einer für uns glücklichen finanziellen Situation. Wir freuen uns, wenn wir Dich motivieren können, Deine Geldsituation aktiv zu verbessern und Dir auch Spaß an diesem Thema vermitteln können. Besuche uns auf **www.evesweb.de** und Du wirst sehen, es kann so einfach sein, seine Situation schnell und mit Spaß positiv zu verändern.

7. E.V.E.S UND KARRIERE – DIE LACHNUMMER

Nicht den Mut aufgeben. Ich wollte das so. War es nicht so? Ich habe mich selbst so entschieden. Mein Kind alleine groß zu ziehen. Weil ich an mich und meine Kraft geglaubt habe. Ich schaffe das. Und offensichtlich hat jeder mal einen schwachen Moment. Ich sehne mich danach, mich fallen zu lassen, nach einer starken Schulter. Nach Leichtigkeit und Liebe. Herrgott, wo ist nur mein Humor geblieben? Bin ich schon dem Wahnsinn nahe? Ich sehne mich danach, mich voll und ganz hinzugeben, und dabei auch respektiert zu werden. Verwöhnt zu werden. Auf Händen getragen zu werden. Liebe. Spaß. Leichtigkeit und Lebenslust.

Du bist nicht freiwillig E.V.E.? Wie so viele von uns? Nun, vielleicht zählt das Dasein als E.V.E. zu einer der härtesten Schulen des Lebens, aus der Du so stark wie nie hervorgehst.

Wenn Dich niemand auffängt, bleiben Dir im Grunde nur zwei Möglichkeiten:

Du stürzt ins Bodenlose und gibst Dich auf.

Oder Du fängst Dich selbst auf. Und gibst Dein Bestes, um für Deine Kinder da zu sein.

Und dann spürst Du die Kraft in Deinem Inneren, die Löwenmutter in Dir, die auf ganz instinktive Weise da ist, um Euer Überleben zu sichern. Du spürst diesen unbändigen Antrieb, das Beste aus der Situation zu machen. Dieser Antrieb, dieser Wille, dieser Funken von Willen schlummert in jeder von uns. Da bin ich mir sicher. Und in Deiner Situation als E.V.E. wird sie knallhart auf die Probe gestellt, diese Urkraft in uns. Wenn wir ihr vertrauen, zeigt sie sich. Und wir sind überrascht, was doch alles in uns steckt. Nach jedem gemanagten Tag. Nach jedem noch so kleinen Erfolg. Und vor allem nach jedem Lächeln Deines Kindes und nach jeder Umarmung, in der wir spüren, warum wir das alles überhaupt mitmachen. Das Warum? Das liegt hier schlummernd in seinem Kinderbettchen und kein Engel dieser Welt könnte mich mehr bezaubern und motivieren, mein Bestes zu geben.

Ja, das ist meine größte Motivation zu lernen, zu wachsen und hier überhaupt ein „Karriere"-Kapitel einzufügen.

Karriere? Das ist wirklich die Lachnummer schlechthin. Wir könnten es auch weglassen. Welche E.V.E. denkt schon an Karriere? Jetzt mal im Ernst. Die meisten von uns haben beileibe dringendere Probleme tagtäglich zu lösen. Wo kommt die Kohle her? Wie werde ich meine Rückenschmerzen los? Ja und vor allem, wer passt auf mein Kind auf, wenn ich arbeiten gehe?

Das Wort „Karriere" hat sich aus meinem Sprachgebrauch völlig verflüchtigt, seitdem ich E.V.E. bin. Bis zu diesem Moment, zu diesem Kapitel. Ich denke, wir sollten uns das Thema Karriere einmal näher anschauen und was alles so dahintersteckt...

Keine Zeit für Karriere. Geht's Dir auch so? Na dann.... Willkommen im Club.

Wäre da nicht dieses nagende Gefühl im Bauch, dass es da doch sicher noch mehr geben muss, als nur den schnöden Job zum Geld verdienen. Warum können alle anderen das? Na klar, weil sie Zeit und Muße haben, einen Mann, Beziehungen, Geld, Talent, und und und.

Ich als E.V.E. dagegen, habe da doch eine völlig andere Ausgangssituation. Ich kann das nicht. Nein. Das ist mir viel zu stressig. Nein, danke. Mein Leben ist schon schwer genug. Ich bin froh, wenn ich das hier alles meistere. Dazu auch noch Karriere? Bist Du irre? Hmpf.

Kommen Dir diese Gedanken bekannt vor? Ja, warum nur denke ich dann immer wieder daran? Irgendwie. Irgendwo. Ich würde auch gerne einen Job machen, den ich liebe und gar nicht als Arbeit empfinde und damit ein Vermögen verdienen. Genug Geld haben für Putzfrau, Babysitter und einen wunderbaren Urlaub! „Mensch, Kind! Komm zurück auf den Boden der Tatsachen. Kuck Dich doch mal an! Wer glaubst Du eigentlich, wer Du bist?“ keift die Stimme in Deinem Kopf. Kommt Dir der Ton bekannt vor? Ist es gar die Stimme Deiner Mutter?

Wer ich bin?

Eine E.V.E. !

Ich bin eine eigenverantwortlich erziehende Mutter, die eine Kleinstfamilie ganz allein ernährt und managt. Eine E.V.E., die verdammt stolz auf ihre Kinder ist und die mit niemandem auf der Welt tauschen möchte. Eine E.V.E., die unglaublich dankbar ist, dass sie für ihre Kinder da sein darf. Dass sie ihnen Wurzeln geben darf. Bald schon sind sie 18 Jahre alt, kriegen Flügel und ziehen ihrer eigenen Wege. Wo werde ich dann stehen? Was wird mit mir sein?

Na und? Karriere. So ein Quatsch, höre ich wieder die Stimme in meinem Kopf. Ok, denke ich mir. Lassen wir dieses Wort doch einfach fallen. Offensichtlich taugt es in den Ohren einer E.V.E. nicht viel.

Wenn da nicht.... dieses Gefühl wieder da wäre. Diese Sehnsucht. Nach mehr. Nach Wachstum. Erfüllung. Zu lernen, mich zu entwickeln und meinem Traumjob nachzugehen.

Ich habe das Wort Karriere tatsächlich aus meinem Wortschatz gestrichen, da wir dabei an so viele negativ behaftete, traditionelle

Formen von Weiterkommen im Beruf denken, die Bilder von gestressten Müttern wachrufen, die keine Zeit mehr für ihre Kinder haben, viel Geld verdienen, aber eben kaum für ihre Kinder da sind. Das ist im Grunde Unsinn. Doch das Wort „Karriere" erzeugt in vielen von uns E.V.E.s erst einmal negative Gedanken und Stress. Und Worte wirken wie Fausthiebe. Erinnern wir uns nur mal an den Begriff „allein erziehend".

Wenn ich nun schon eine E.V.E. bin, wäre auch hier ein viel positiveres Wort angebracht, nicht wahr? Berufsweg, berufliche Entwicklung, Wachstum, Lernen, Ziele erreichen, Talente ausleben, Selbstverwirklichung, Erfüllung, Entfaltung.

Wie wäre es einfach mit Erfolg ? Ganz einfach so.

Spiegelt sich in Erfolg nicht all das wieder? Dazu aber auch Glück, Gesundheit, Liebe, Balance, Familie, Kinder.

Erfolg. Ich liebe dieses Wort. Es schließt alles ein und bedeutet doch für jeden etwas anderes. Erfolg ist zutiefst positiv. Erfolg hat keinen negativen Anklang. Daher gefällt es mir.

Erfolg ist die Grundlage für ein glückliches und zufriedenes Leben. Und wenn ich an Erfolg denke, steigt meine Laune. Es entstehen Bilder in meinem Kopf, ich sehe Dinge, höre Stimmen und spüre, wie gut es sich anfühlt, von Erfolg zu träumen. Von einem gelungenen Leben. Von Glück und Ruhe. Von Leichtigkeit und Liebe. (ja, auch Leichtigkeit! Es kann auch mal leicht gehen...) Von lachenden Kindern. Von meinem Traumjob, in dem ich einfach die Beste bin. Meine Arbeit, die ich liebe und die meine Familie ernährt. Einfach so. Ganz von selbst.

Tagträume sind gut. Das haben wir als E.V.E. nun schon eingesehen. Jetzt geht es darum, konkrete Träume von unserem Traumberuf zu träumen. Von unseren Zielen, die wir erreichen wollen. Ja ich spreche hier ausdrücklich von träumen, denn so fängt alles an.

„Was Du Dir erdenken kannst, kannst Du auch tun“

(Walt Disney)

Vom Traum zum Ziel

Gut, wir fangen mit Tagträumen an. Ganz einfach dann, wenn wir mal eben eine Minute Zeit oder Freiraum haben, um zu entspannen. Egal wie oder wo. Im Lift, in der Warteschlange bei Aldi, auf der Spielplatzbank, in der Raucherecke auf dem Balkon, auf der Kloschlüssel, egal wo. Wir erinnern uns einfach daran, wie geil es ist, dass wir denken können, was wir wollen. Diese Freiheit haben wir. Gedanken sind frei. Also denken wir an das, was wir uns wünschen. Wir beginnen zu träumen. Ohne jede Barriere. Es weiß ja keiner. Muss ja nicht. Ganz privat ist das. Da in unserem Kopf.

Denken wir an Erfolg. Erfolg ist doch für jede von uns etwas völlig anderes. Es ist extrem individuell. Erfolg bedeutet für mich zum Beispiel, meine gute Laune zu behalten, mindestens einmal täglich laut zu lachen, meine Tochter und mich glücklich gelassen und gesund zu sehen, meine Finanzen zu meistern, Spaß bei meiner Arbeit zu haben und das Leben vollends zu genießen. Egal wie es kommt. Erfolg ist auch ein gemanagter Haushalt, saubere Klamotten, geschmierte Stullen zur rechten Zeit und ein Kuss eines Traummannes, der einen verehrt, weil man so ist, wie man ist.

Erfolg ist ein rundum gelungener Kindergeburtstag mit frisch gebackenem Kuchen, Übernachtungspartys für eine Horde Jugendlicher bis früh um vier und mit Dekorations- und Luftballonaufblas-Arien in der Nacht zuvor. Erfolg ist dann natürlich auch, wenn man die Nacht danach ausschlafen kann und Ruhe einkehrt. Wenn das Kind glücklich ist und der Kontostand und der Rücken nicht zu sehr in Mitleidenschaft gezogen wurde. Das ist

Erfolg. Frisch gebackene Weihnachtsplätzchen und den riesen Tannenbaum mit dem Kind eigens heimtragen. Voller Vorfreude. Vergessend, dass man im Dachgeschoss wohnt. Ohne Aufzug versteht sich. Hauptsache geschafft. Die Lichter dran. Ja das ist Erfolg. Für andere ist es der neue Schrank von Ikea. Ein Auto vorm Haus. Eine Zugfahrt nach Paris. Ein Wochenende an der See. Ein Besuch bei Freunden in den Bergen. Ein neuer Job und eine Zusage für einen Kita-Platz. Ein Lob vom Chef oder sein eigener Chef zu sein.

Für jede E.V.E. ist Erfolg etwas ganz anderes. Jede von uns sollte ihren eigenen Erfolg finden. Definieren. In Worte fassen. Das ist erst einmal ganz schön ungewohnt. Weil man sich nie die Zeit nimmt, es zu tun. Doch es ist die Grundlage dafür, dass sich überhaupt etwas verändern kann in Deinem Leben.

Warum viele Menschen im Leben nichts erreichen? Weil sie gar nicht wissen, was sie überhaupt wollen.

Fasse es in Worte, was Du unter Erfolg verstehst. Du wirst sehen, ganz schnell werden daraus Ziele entstehen, die Du Dir setzt. Das geht ganz automatisch. Ja ich träume von einem Auto. Irgendwann. Naja, eigentlich hätte ich es schon gerne nächstes Jahr. Oder den Urlaub mit den Kindern nächstes Sylvester. Das sind konkrete Ziele. Und das ist gut so. Wenn es konkret wird, ist das ein gutes Zeichen. Du bist auf dem richtigen Weg. Trau Dich einfach. Träum. Es weiß keiner. Nur Du. Spinne verrückte Träume. Dinge, Du Dir so sehr wünscht. Klar, sollten sie realistisch sein. Dass Dir Flügel wachsen und Du über den Atlantik fliegst oder vom Balkon, ist nicht unbedingt ein realistischer Traum. Doch alles, was Du Dir erdenken kannst, kann sich in Deinem Leben auch verwirklichen.

„Ein Ziel ist ein Traum mit Deadline.“

(Leo B. Helzel)

Setze Dir kleine Ziele. Zu Beginn. Um es zu testen. Dann immer größere. Kein Mensch überprüft was Du denkst. Du bist völlig frei. Finde heraus, was Du willst. Im Detail.

Wie Du das tun kannst?

Praktische E.V.E. Übung: Deine Lieblingsliste

Schreibe eine Liste von allen Dingen, die Du liebst. Egal in welchem Bereich Deines Lebens. Farben, Essen, Orte, Personen, Talente anderer, Autos, Kleidung, Häuser, Beschäftigungen, Musik, Länder, Reisen, Hobbies etc. Alles was Dir einfällt. Das macht Spaß! Alles was Du einfach liebst. Schreibe mindestens 100 Dinge auf eine Liste. Das ist für den Anfang relativ einfach. All diese Vorlieben sind ganz allein Deine. Keiner ist so wie Du. Nur Dir gefallen all diese Dinge, in dieser Kombination. Oft weisen diese Dinge bereits auf Deine Neigungen, Talente und Potenziale hin.

„Fähigkeiten, die Du in anderen bewunderst, sind Vorboten Deiner eigenen Fähigkeiten.“

(J.W. Goethe)

Praktische E.V.E. Übung: Deine Traumliste

Im zweiten Schritt schreibe eine Liste mit 100 Dingen, die Du Dir wünschst oder erträumst. Dinge, die Du tun willst, die Du haben willst und wie Du sein willst. Was willst Du tun? Was willst Du haben? Wer willst Du sein?

Stell Dir dabei vor, Du hast alles Geld der Welt, um diese Dinge auch zu tun, zu haben oder zu sein. Mach Dich völlig frei von irgendwelchen gedanklichen Einschränkungen, die Dir Dein

Verstand plötzlich entgegen schleudert. Tu's einfach. Schreibe es wirklich auf: 100 aufgezählte Posten. Nun hast Du es schwarz auf weiß. Du weißt, was Du im Leben willst. Ja es ist so einfach. Du musst Dir nur erlauben, diese Liste zu Papier zu bringen. Zeige diese Liste niemandem, behalte sie als Dein wertvollstes Geheimnis, das Du Tag für Tag einmal überfliegen und auch immer wieder anpassen oder ändern kannst. Vielleicht geht es Dir dann wie mir, und Deine Laune wird zusehends besser. Denn wenn Du Dir beim Lesen vorstellst, wie es ist, all das zu sein, zu haben und zu tun, wirst Du Dich nur besser fühlen.

So einfach soll das sein? So ein Quatsch. Ich höre schon, die „Realisten" unter uns. Was soll das denn schon bewirken ein Stück Papier im Schrank und tägliches Geträume, das macht mein Leben doch nicht besser. Nun, wenn Du so denkst, wird es auch nicht besser. Dann wird es genauso bleiben, wie es ist. So einfach ist das. Du hast immer die Wahl. Was hast Du schon zu verlieren?

Ich habe es so gemacht und bin fasziniert davon, wie die Dinge plötzlich im Leben geschehen und einen dort hinführen, wo man hin will. Meist durch Zufälle, die im Grunde gar keine sind. Oder Menschen, die plötzlich im richtigen Moment auftauchen. Also trau Dich. Überwinde Dich. Auch wenn Du im ersten Moment nicht wirklich überzeugt bist, das Dich das irgendwie weiter bringt. Egal. Tu's einfach. Probiere es aus.

Schreibe Dir eine Liste mit allen Dingen, die Du Dir wünscht. Den Erfolg, den Du Dir wünscht. Und wie er aussieht, wie er sich anfühlt in Deinem Leben. Deinen ganz eigenen persönlichen Erfolg. Messe Dich dabei nicht an anderen. Vergleiche Dich niemals mit anderen oder mit dem Erfolg anderer. Du bist völlig anders als alle anderen. Vergleiche sind fatal. Sie schaden uns oft und machen uns klein oder desillusionieren uns.

Auch sehr erfolgreiche Berühmtheiten kochen nur mit Wasser. Auch sie haben ihren Erfolg irgendwann mal für sich in Gedanken und Worte gefasst. Vielleicht haben sie sich gewünscht, dass sich Erfolg leicht und mit Spaß einstellen möge.

Das ist einer meiner Lieblingswünsche. Leichtigkeit.

Als E.V.E. ja praktisch fast undenkbar. Aber im Grunde ist Leichtigkeit das A und O des Lebens. Wenn ich leicht durchs Leben gehen kann und die Dinge flutschen, was gibt's dann noch schöneres. Sich das vorzustellen, macht allein schon gute Laune. Sich trauen, sich das vorzustellen, ist der erste Schritt. Auch wenn es in Deinen Ohren vielleicht völlig unrealistisch klingt. Ist es nicht. Es ist der einzige wahre Schritt zu mehr Leichtigkeit in unserem Leben.

Enorm wichtig ist es auch, dass Du Deine Erfolge gebührend feierst. Egal wie groß oder klein sie sind. Wertschätzung Deinen eigenen gelungenen Schritten gegenüber ist immens wichtig.

Feiere alles, was Du nur irgendwie feiern kannst.

Das Leben antwortet darauf und Du fühlst Dich einfach besser. Du weißt, Du hast wieder mal etwas geschafft. Also sei stolz darauf. Egal wie groß oder klein der Schritt ist. Es ist ein Erfolg.

Erfolg ist das was aus Deinem Tun „(er)folgt".

Also hoch die Tassen! Treff Dich mit Freunden und feiere, was immer Du zu feiern hast. Du bist es Dir wert. Und an dieses wunderbare Gefühl gewöhnt man sich schnell. So wird Erfolg und eine positive Einstellung zu Deinem ganz eigenen persönlichen Motto als E.V.E.

Lebensfreude ist das A und O für ein gesundes Leben!

Und genau da geht es weiter in unserem nächsten Kapitel...

8. E.V.E.S SIND GESUND, SEXY UND FIT WIE EIN TURNSCHUH

Wie viele E.V.E.s beugen sich unter der Last der Verantwortung und haben tierische Rückschmerzen? Widerstand und negatives Denken über das Leben als Alleinerziehende führen zu Krankheit und Anspannung im Körper. Und bei all dem Druck und Stress, der auf einem lastet, ist es doch kein Wunder, dass der Körper Alarm schlägt.

Wie geht es Dir? Du bist vermutlich eine E.V.E. und Du liest diese Zeilen hier, weil Du wohl neugierig bist, wie sich die Dinge ändern lassen. Glaubst Du, Du hast es in der Hand, Deine Gesundheit wiederherzustellen, wenn Du krank oder nicht fit bist? Hast Du eine Wahl? Oder glaubst Du, dass Dich eine Krankheit einfach trifft von außen? Einfach so, weil Du zufällig Pech gehabt hast?

Denkst Du, dass es vielleicht einen Zusammenhang gibt zwischen täglichen negativen Gedanken, Sorgen, Stress und dem Zustand des Körpers? Kannst Du Dir vorstellen, dass sich Dein Körper wesentlich wohler fühlen würde, wenn Du all Deine aktuellen Sorgen los wärst? Wenn Du gut gelaunt, innerlich ruhig und voller positiver Gedanken wärst?

Gehen wir davon aus, dass Gesundheit der Normalzustand eines Menschen ist. Gehen wir auch davon aus, dass unser menschlicher Körper ein Programm implantiert bekommen hat, das Selbstheilung heißt. Das ist am einfachsten zu beobachten bei einem Schnitt in den Finger, die Wunde heilt immer wieder zu. Wunden verheilen. Immer wieder. Auf verschiedene Art und Weise und unterschiedlich schnell, aber sie heilen. Das ist das erklärte Ziel unseres Körpers. Gesund sein.

Wenn es nun eine solche Selbstheilung gibt, wie soll das funktionieren? Ich heile mich selbst? Wie das denn?

Nachdem ich jahrelang in einer Beziehung gelebt hatte, die weder für meine Kinder noch für meinen Partner und schon gar nicht für mich zufriedenstellend verlief, stellten sich im Verlauf der Zeit die einen oder anderen Gesundheitsmängel bei mir ein. Klar, man liest oder hört ja immer wieder einmal, dass der Körper auf seelische Belastungen reagiert, aber natürlich bezieht man solche Dinge nie auf die eigene Person. Und obwohl ich schon in jungen Jahren feststellte, dass mein Magen nicht nur ein Verdauungsorgan ist, sondern auch hervorragend als Stimmungsbarometer dient, habe ich doch eine ganze Weile gebraucht, um die Zusammenhänge bei mir selbst wahrzunehmen.

Inzwischen besteht eine ausgezeichnete Kommunikation und ein tiefes Vertrauen zwischen mir und meinem Magen. Doch wie kam es dazu? Ganz einfach:

Während meiner Ausbildung zur Erzieherin sollte ich an einer Fortbildung teilnehmen. Diese Fortbildung fand zu einem Thema statt, das ich absolut nicht mochte und siehe da, ich bekam am Wochenende solch starke Magenschmerzen, dass ich mich am Montagmorgen statt zur Fortbildung gerade noch mit vereinten Kräften zum Arzt schleppen konnte. Ich bekam eine Krankschreibung für die ganze Woche und die Schmerzen waren prompt verschwunden (Lieber Arbeitgeber, wenn Du das hier liest, bitte verzeih!).

Nun kann ich aber nicht behaupten, ich hätte die Zusammenhänge sofort erkannt – nein leider nicht! Dennoch war dieses Ereignis ein Schlüsselerlebnis für mich, welches mir ein neues Bewusstsein in Bezug auf meinen Körper gegeben hat.

Ich könnte an dieser Stelle viele Geschichten über Krankheiten und Selbstheilungen erzählen, von mir oder auch von anderen Personen, auch Heilungen von schweren Krankheiten wie Krebs, Bannscheibenleiden usw. doch das würde den Rahmen dieses Buches sprengen. Wunderbare Bücher, die ich dazu empfehlen kann, findest Du unter **www.evesweb.de**. Einige Geschichten haben mich unglaublich gerührt und nachdenklich gemacht. Es fiel mir nicht einfach, mir einzugestehen, dass ich selbst verantwortlich bin für meine Gesundheit und dass mich Krankheiten nicht einfach wie der Blitz treffen. Dieses Eingeständnis ist aber der erste Schritt auf dem Weg zu einer gesunden E.V.E..

Ich glaube, jede Frau hat mindestens eine Anekdote zum Thema Gesundheit, Körper und Krankheiten. Ganz zu Schweigen von Geschichten über Männer und Krankheiten. Doch hier weiter über Krankheiten zu reden, dazu habe ich keine Lust. Ich möchte, das wir uns auf Gesundheit konzentrieren. Das, worauf wir unsere Gedanken konzentrieren, das ziehen wir auch an. Dorthin geht unsere Energie.

Es ist wichtig, dass wir erkennen, dass wir die Kraft in uns haben, wieder gesund zu werden. Wir sind verantwortlich für unseren Körper und seinen Zustand. Eiskalt. Knallhart.

Dennoch wollen wir hier natürlich nicht den Eindruck erwecken, dass jeder Mensch jede Krankheit einfach wegdenken kann. Medizinische Hilfe ist in vielen Fällen notwendig und oft lebensrettend, doch uns sollte klar sein, dass wir einen großen Einfluss auf unseren Körper haben und ohne unsere Selbstheilungskräfte und unseren Glauben, dass wir wieder gesund werden, kann auch die beste Medizin nichts bewirken.

Wer nicht hören kann, muss fühlen...

Horch, was kommt von draußen rein... Hollahihollahooo... Wer nicht hören kann, muss fühlen... Aufhören... Anhören... Überhören... Auf die innere Stimme hören...

Mitunter stehe ich wirklich manchmal auf der langen Leitung. Bis ich registriere, dass bei mir etwas nicht stimmt, dauert es wirklich sehr lange. So dauerte es tatsächlich Jahre, bis ich mir eingestand, an Tinnitus zu leiden. Weitere Jahre verbrachte ich damit zu hoffen, dass ich mein permanentes Rauschen im Ohr wieder loswerden würde. Nun ja, da sich nichts tat, ging ich schließlich tatsächlich zum Arzt. Dieser stellte nach nur 3 Minuten fest, dass ich viel zu spät zur Behandlung gekommen bin und jetzt eben bis ans Ende meiner Tage an einer „chronischen Krankheit“ leiden würde. Buff!

Da stehst Du dann da und denkst, na prima! Die nächsten 60 Jahre vergnügst Du Dich mit einem Tinnitus! Chronisch krank, sprich: Es wird nicht mehr besser. Du hast Anspruch auf eine Kur, falls Du es gar nicht mehr aushalten kannst. Klar, vielleicht auch noch Anspruch auf einen Kurschatten. Aber das war’s dann schon.

Ich war total entsetzt, wütend auf mich selbst, weil ich zu spät zum Arzt gegangen war. Langsam begann ich aber, mich mit dem Thema zu beschäftigen. Wann fing es eigentlich an?

Tja, ich kann es Dir genau sagen: Es war eine Mischung aus völliger Überlastung, Frustration in der Beziehung und dauerhafter Fernsehberieselung im Schlafzimmer. So, das wär dann ja geklärt, aber wie geht es nun weiter? fragte ich mich. Auf keinen Fall wollte ich diese Diagnose akzeptieren. Einfach sang- und klanglos hinnehmen? Nein! Auch im Internet fand ich wenig aufmunternde Berichte. Aber so geht es nicht, nicht mit mir, ich kann sehr wohl dagegen angehen! dachte ich mir.

Nachdem ich mich so dagegen gewehrt habe, alles einfach hinzunehmen und in Gedanken immer wieder nach Auswegen und Lösungen gesucht habe, fand ich plötzlich eine Internetseite über Akupressur (Das Gesetz der Anziehung wirkt offensichtlich auch im Internet). Darin waren genau die Stellen meines Körpers (Augenhöhle, Nasenflügel usw.) genannt, die ich daraufhin auch mit Akupressur bearbeitete. Ich hatte keinen Zweifel daran, dass sich irgendwann eine Besserung einstellen würde. Meine Geduld wurde zwar stark auf die Probe gestellt, aber tatsächlich wachte ich eines Morgens auf und stellte fest, anfänglich noch sehr zweifelnd, dass mein Rauschen verschwunden war. Ich freute mich sehr, zwar war ich noch nicht endgültig überzeugt, aber nun sind schon über fünf Jahre vergangen und keine Spur von Rauschen! Ich habe mich sehr erfolgreich von meiner so genannten „chronischen" Krankheit verabschiedet.

Und wenn sie nicht gestorben sind, dann leben sie noch heute. Nein, es ist kein Märchen, sondern eine wahre Geschichte aus meinem Leben als E.V.E.

Nervenattacken im Teenageralltag

Nerven wie Drahtseile, wünschen wir uns das nicht alle? Ich denke, was die Gesundheit von E.V.E.s angeht, so leiden unsere Nerven am meisten unter der Situation. Früher oder später. Die eine ist nah am Wasser gebaut, die andere am Rande eines Nervenzusammenbruchs, weil wieder einmal alles gleichzeitig an Stress über sie hereinbricht. Es gibt gottseidank fantastische Ausnahmen, ruhige E.V.E.s, die wie ein Fels in der Brandung wirken, bei all dem Trubel. Leider hat der liebe Gott mich nicht mit dieser inneren Ruhe reich gesegnet, ich kucke sie mir von meiner tiefen entspannten Freundin Sabine ab, die Dir hier bereits über ihre erfolgreiche Tinnitusheilung berichtet hat.

Nun, was tun bei einer Auseinandersetzung zwischen einer hormongeplagten, pupertierenden 13-jährigen Jugendlichen und deren von Hitzewallungen getriebenen, „leicht" gereizten Mutter? Ja was?

A-t-m-e-n und bis 10 zählen.

Ja, so einfach! Auszeit. Kissen boxen. Oder doch die Klotür knallen. Nein, kein Besteck werfen.

Lass es woanders raus, nicht an Deinem Kind.

Die Wortgefechte sind ohnehin meistens so absurd, dass man sie gar nicht nacherzählen kann. Doch jede E.V.E., die diese Phase gerade mit einem Teenager durchsteht, weiß genau wovon wir hier sprechen. Alle anderen sollten dankbar sein, diesmal nicht mitreden zu können und hoffen, dass es auch so bleibt!

Ja, behalte Deine Nerven. Irgendwie. Du bist nicht mehr der Held Deines Kindes. Du wirst jetzt knallhart kritisiert. Die Teenagerjury haut Dir jeden Tag eiskalt mindestens ein Urteil wie einen kalten Waschlappen ins Gesicht.

Unser E.V.E.-Tipp:

Sag Dir immer wieder „Auch das geht vorbei".

2000mal wiederholt in Gedanken. Irgendwann glaubt man es dann auch.

Oft reden wir über unsere eigenen Bedürfnisse, darüber sie zu erkennen, zu formulieren, sich überhaupt zu erlauben, Bedürfnisse zu haben. Ja, und wenn Du sie dann endlich gefunden hast, kremple Deine Ärmel hoch und setze sie auch durch! Gesagt – getan!

So einfach ist das dann aber manchmal doch nicht. Ich denke nur an meinen Geburtstag. Oft versuchte ich den Leuten klar zu machen, dieses Jahr möchte ich NICHT feiern! Wirklich nicht, ich mache gar nichts. Geklappt hat es nicht ein einziges Mal, immer standen die verschiedensten Menschen vor der Tür, mit lieben Grüßen, tollen Geschenken, leckeren Kuchen, aber mein tatsächliches Bedürfnis wurde nicht respektiert und ich habe es auch nicht durchgesetzt. Es waren schöne Momente, aber es war nicht das, was ich wirklich wollte.

Was lernte ich daraus? Dank meiner tollen Familie und tollen Freunden feiere ich jedes Jahr nun meinen Geburtstag, aber ich habe mir den Druck genommen, den Anspruch, die perfekte Feier auszustatten so weit runter geschraubt, dass es zu meinem 40. Geburtstag tatsächlich „nur" Miracoli aus der Fertigpackung gab und wir alle trotzdem einen tollen Tag zusammen hatten. Mein Bedürfnis nicht zu feiern, rührte nur daher, dass ich keine Lust und Kraft hatte, eine riesige Party zu organisieren mit all dem Stress drum herum (einkaufen, putzen, kochen usw.), aber froh über den Besuch an sich bin. Ohne Anstrengung, nur mit Spaß und Gemütlichkeit. So bleib ich auch gesund und gut drauf.

E.V.E. s fühlen sich wohl in ihrer Haut

Schluss mit Zwangsvorstellungen und Diätwahn.

E.V.E.s folgen einigen, sehr einfachen, aber goldenen Regeln auf dem Weg zur Traumfigur für eine gesunde Ernährung mit Spaß und Genuss:

1. Iss nur, wenn Du Hunger hast
2. Genieße jeden Bissen
3. Iss nur das, worauf Dein Körper gerade Appetit hat
4. Hör auf, wenn Du satt bist
5. Iss keine Reste der Kinder (Ja, lass sie notfalls stehen, auch wenn in Afrika leider immer noch Menschen verhungern müssen! Dieses Argument hilft Deiner Gesundheit hier und jetzt in keiner Weise weiter.)
6. Bewege Dich täglich (Dieser Punkt ist im Grunde überflüssig, denn bislang kenne ich keine E.V.E., die wegen der Kinder nicht ständig auf Achse ist)

Unser Ziel als E.V.E.:

Den Genuss am eigenen Essen und den eigenen Körper samt seiner ganz persönlichen Bedürfnisse (Appetit, Sättigungsgefühl etc.) wieder neu entdecken, respektieren und vor allem wertschätzen.

Jede E.V.E. sollte für sich ganz persönlich feststellen, in welcher Figur sie sich wohlfühlt, mit welchem Gewicht. Wann fühlst Du Dich rundum wohl in Deiner Haut? Das ist bei jeder von uns anders. Im Ernst! Wir wollen nicht alle wie ein Standard-Bikinimodel vom Band aussehen. Hand aufs Herz. Das wäre doch stinklangweilig. Wir sind alle verschieden. Das macht die Frauenwelt doch erst so spannend und bunt! Und sexy.

Vertraue auf Deine innere Stimme, die ist der beste Leitfaden für Deinen Weg zum Idealgewicht und zu Deiner Idealfigur.

Ich habe zum Beispiel nach Jahrzehnten für mich erkannt, dass ich besser lebe und meine Verdauung besser funktioniert, wenn ich kein Fleisch, aber weiterhin Fisch esse. Inzwischen habe ich auch festgestellt, dass ich mich viel wohler fühle, wenn ich Weizenprodukte und auch Zucker und Süßkram weitgehend weglasse und durch mehr Obst, Salat, Nüsse und Gemüse ersetze. Ich habe dadurch relativ schnell meine Fettpolster verloren und fühle mich heute rundum fit und wohl. Fressattacken bleiben aus. Ab und zu falle ich über die heiß geliebten Cashewnüsse her, weil sie einfach so lecker sind. Und ein Leben ohne Pizza könnte ich mir auch nicht vorstellen, trotz des Weizens darin. Das ist mir egal. Was soll's. Hauptsache es schmeckt!

Ich bin weit davon entfernt, hier bestimmte rigide Ernährungsweisen zu empfehlen. Egal ob vegetarisch, vegan oder fleischessend. Jede von uns ist doch anders und jede EVE sollte auch ihre eigene Wohlfühlernährung herausfinden und nach ihr leben. Deine innere Stimme weiß haargenau, was Dir gut tut. Trau Dich! Sehe es locker und denke immer an den Genuss!!

Überlege einmal: Warum isst Du? Was bedeutet Essen für Dich?

Kleider machen Leute

Ich hab es schon wieder getan! Mist!

Oft komme ich an einer bestimmten Art Schuhe einfach nicht vorbei, Du kannst es Dir wahrscheinlich schon denken! Ja, es sind genau diese Dinger, in denen eine normale Frau nicht einen einzigen Schritt laufen kann. Jedenfalls nicht außerhalb des Schuhladens.

Trotzdem finde ich mich unglaublich chic, ziehe sie ja sowieso höchstens einmal an und habe meine Schuhsammlung erweitert. Der

Besitz solcher High Heels kurbelt mein urweibliches Selbstbewusstsein irgendwie doch an und bringt mich allein beim Anblick ins Träumen. Irgendwann kann ich auf den Dingern auch laufen, wie Madonna beim Fitnesstraining. Wenn nicht jetzt, irgendwann garantiert...

Deine Art, wie Du Dich kleidest, ist wichtig für Dein Wohlbefinden.

Wirf' Dich in Schale!

Oft verfällt frau in so eine „Egal"-Haltung. Hauptsache, ich habe überhaupt was an. So wie Du Dich aber doch mal aufraffst und die alte Jeans im Schrank lässt, stattdessen den Minirock und die schicken hochhackigen Frustkaufschuhe anziehst, macht der Gang zum Bäcker an der Ecke gleich viel mehr Spaß. Mit ganz viel Glück ist der neue Bäckereifachverkäufer zufällig der Zwillingsbruder des Typen aus der Cola Light-Werbung.

Ein kleines Beispiel, dass mir tatsächlich vor Jahren einmal passierte: Ich war abends allein zuhause und überlegte, ob ich mein bequemes, ca. 20 Jahre altes Schlafshirt mit Entchen anziehen sollte oder lieber mein neues schickes Mini-Nachthemd. Leider entschied ich mich gegen das Mini und für die Entchen.

Ein Fehler, den ich nach so vielen Jahren immer noch bereue. Es klingelte plötzlich an der Wohnungstür und ich öffnete ahnungslos. Da standen ungefähr zehn junge, knackige Berliner Polizisten einer Sondereinsatzkommission vor mir.

„Es gibt keine hässlichen Frauen, nur faule".

(Helena Rubinstein)

Ihr könnt euch vorstellen, dass mir leichte Schamesröte ins Gesicht stieg. Nicht etwa, dass ich dachte, ein schweres Verbrechen begangen zu haben, nein es war natürlich mein ausgesprochen peinliches Outfit.

Fit wie'n Turnschuh?

Wir wollen hier nicht weiter darauf eingehen, wie wichtig Bewegung für uns ist. Wir bewegen uns als E.V.E. doch den lieben langen Tag. Im Gegenteil wir kommen doch nicht mal dazu, uns überhaupt eine Minute einmal ruhig hinzusetzen.

Trotzdem möchte ich hier betonen, dass es einen Unterschied gibt zwischen gehetztem Hin und Her und positivem Bewegen bei Sport und Tanz oder sonst was.

Das Ziel jeder E.V.E. sollte es sei, ein ganz persönliches Ventil für diesen täglichen Stress zu finden und beim Laufen, Joggen, Tanzen, Gymnastik, Yoga, Radeln, Schwimmen, Inlinern, Spazieren gehen in der Natur oder sonst irgendeiner Beschäftigung, die Du magst, eben diesen negativen Stress abzubauen und gleichzeitig Fitness und Ausdauer aufzubauen.

Es ist wirklich unglaublich, wie viel Stress man sich vom Leib laufen kann, wie viel Stress man rausschreien kann, wenn man gegen einen Boxsack (oder die Sofakissen) schlägt oder beim Badminton mit dem Schläger draufdrischt oder wenn man einfach mit dem Rad in die Pedale tritt. Es macht Spaß und baut höllisch viel Aggression ab.

Nach 3 Kilometern auf dem Laufband geht meine Laune regelmäßig nach oben und ich fühle mich danach zwar kaputt, aber wie auf Wolken. Irgendwie schwebe ich dann emotional über meinen Problemen und sehe sie eher als Herausforderungen, für die ich einfach Lösungen finden werde. Irgendwie.

Gehe es langsam an und übertreibe es nicht. Ich habe in meinem anfänglichen Wahn und der Begeisterung Yoga zu praktizieren mir meinen Rücken fast ruiniert. Anfängerpech. Dank der Hilfe einer ausgebildeten Yogalehrerin habe ich den übertriebenen Ehrgeiz entschärft und gelernt auf meinen Körper zu hören.

Als E.V.E.s sollten wir lernen, auf unseren Körper zu hören. Signale zu deuten und erst nehmen und aktiv etwas dafür tun, dass es uns rundum gut geht.

Gönn Dir Deinen Lieblingssport. Erlaube Dir auch Auszeiten. Eine Wohlfühlkur. Erkundige Dich, ob Dir Deine Krankenkasse eine Mutter-Kind-Kur sponsert. Das kommt in den meisten Fällen für E.V.E.s tatsächlich in Frage. Nutze diese Auszeiten, um Dich zu erholen, Du hast es verdient, gesund zu sein und Dich rundum wohl zu fühlen.

9. BAHAMAMAMA: E.V.E.S AUF REISEN

Ich schreibe diese Zeilen in aller Ruhe im Abteil eines Zuges, gegenüber sitzt zufrieden meine Tochter. Es herrscht Ruhe. Sie malt und genießt die Stille und die vorbeiziehenden Landschaften.

Wir sind auf dem Weg zu Oma in Bayern. Vorfreude macht sich breit. Es scheint, wir haben eine ruhige Reise vor uns. Proviant wurde gepackt, genügend Spielkram und Malzeug ebenso, also kann ich endlich doch mal entspannen. Aus dem Fenster sehen und mein Kopfkino anschalten.

Frage nicht, welche Turbohektik diesem Moment vorausging. Es gehört heute nicht unbedingt zur Selbstverständlichkeit, dass eine Berliner S-Bahn pünktlich kommt und die Bahn im Anschluss doch mal rechtzeitig einfährt. Brisant, wenn man genau eben diese Bahn bekommen muss.

Aber gut, etwas Nervenkitzel muss ja sein, mein Leben wäre wohl sonst viel zu langweilig. Kann man eigentlich von Adrenalinstößen abhängig werden? Sollte man nicht mal die täglichen Durchschnittspegel im Blut einer E.V.E. messen? Wow, kämen da Werte raus. Olympiareif.

Wir reden ja gar nicht vom Lärmpegel, der Tag für Tag sicher auch so manche Dezibelgrenze erblassen lässt. Uns natürlich nicht, E.V.E.s sind ja Super-Moms. SM wie meine Tochter zu sagen pflegt. SM? Nun eventuelle Ähnlichkeiten sind rein zufällig. Auf jeden Fall geht's hart her… Nun ja.

Zurück zum Thema. Es ist wirklich ein Genuss, mal in Ruhe zu reisen. Da gab es schon ganz andere Trips, die wir hinter uns gebracht haben.

Verreisen mit Kind, mit einem oder zwei oder gar dreien und mehreren ist immer ein Abenteuer. Mammutgepäck, Berge von Proviant und Kinder, die uns bereits 100 Tage im Voraus tagtäglich im Ohr liegen mit „Mama, wann fahren wir nochmal los?", „Mama, wie lange noch bis wir losfahren?" „Mama, wann isses den nu' endlich soweit?"

Es grenzt schier an Wahnsinn, was hier so manche EVE in punkto Geduld an den Tag legt. Und ich spreche hier von der Zeit VOR der Reise. Nicht etwa von der Reise selbst.

Auf fünfstündigen Bahnreisen zum Beispiel kann Kind nämlich auch gut und gerne viertelstündlich fragen, wann der verd…e Zug denn endlich bei Oma ankommt.

Von Vorteil ist es selbstverständlich, wenn man zunächst alle Kleinen mit Sack und Pack rechtzeitig vor dem Schließen der Türen heil an Bord bringt, so mancher Nachwuchs hat sich da schon mal mit Riesenteddy und rosa Rollköfferlein in Tür und Menschenmenge verfangen. Hach ja.

Bei kleinen rasant schnellen Zeitgenossen, wie zum Beispiel meiner Tochter, schwor ich auf das beliebte Kindergeschirr mit Leine. Ja krass. Aber so lief keine weg. Meine Nerven dankten es mir.

Ich wünsche es keiner E.V.E., dass ihr 50 cm hoher Steppke blitzschnell zwischen hundert Erwachsenenbeinen inmitten einer Menschenmenge verschwindet. Und schon wären wir wieder beim

Thema Adrenalinspiegel.

Was für Drogen setzen wir E.V.E. s uns da eigentlich aus?

Ist das noch legal? Ein Hormonsprudel vom feinsten.

Ja, Reisen mit Kindern ist ein Abenteuer und irgendwie ist der größte Moment doch immer der, in dem man dann tatsächlich am Zielort ankommt, wo einem Oma den Schatz aus der Hand nimmt oder gar ein gemütliches Hotelzimmer mit riesigem, kuschligen Bett auf uns wartet und die Kleinen vor Erschöpfung sofort wie die Engel einschlafen.

Was für Momente! Gut, wenn man sich an der Hotelbar vergehen kann. Ein kühles Bier, ein Schokoriegel, wunderbar. Woher weiß die TV-Werbung das? Kann sie Gedanken lesen… Egal. Hauptsache, EVE genießt den Moment des Angekommenseins. Wo immer das auch ist.

Doch zurück zur traurigen Realität: So manche E.V.E. fährt eben nicht weg. Oder denkt nicht mal im Traum daran. Verreisen? Wie denn? Womit denn?

Geld für eine Reise, einen Urlaub, das bleibt oft nur ein Wunschtraum. Geld für Erholung? Nicht jeder bekommt eine Mutter-Kind-Kur auf Anhieb genehmigt.

Probieren sollte E.V.E. es dennoch unbedingt. Solche Erholungen sind mehr als Gold wert.

Als Freiberuflerin war für mich eine Kur nicht drin und eine Reise finanziell undenkbar. Woher das Geld nehmen? Dennoch träumte ich in meinem Kopfkino von Urlaub und Meer und prompt kam die Antwort im richtigen Moment:

Kostenloser Urlaub

...durch Wohnungstausch. Ich stelle meine Wohnung anderen E.V.E.s oder Familien zur Verfügung und wohne dafür zeitgleich in deren Wohnung, bestenfalls am Ort meiner Wahl in Deutschland oder im Ausland.

Viele Familien mit Kindern machen das seit Jahrzehnten erfolgreich und noch viel mehr E.V.E.s, wie ich feststellen konnte.

Und vor allem völlig kostenlos! Seitdem bin ich Mitglied in einer der ältesten Tauschbörsen, Homelink (http://www.homelink.de), und habe bereits viele wunderbare und kostenlose Urlaubsaufenthalte hinter mir.

Wir waren in Marbella, mehrmals an der Côte d'Azur und in diesem Jahr ganze zwei Wochen in einem wunderbaren Apartment mit Meerblick und zauberhaftem Pool vor den Toren von Monaco. Kostenlos.

Nun, wo ist da der Haken? Fragst Du Dich sicherlich. Ja zu recht. Einen Wermutstropfen gibt es: Du musst hinkommen und Dich und Dein Kind verpflegen, d.h. die Anreise geht auf E.V.E.s Kosten. Nicht weiter schlimm, denn innerhalb Deutschlands gibt es jede Menge kostengünstige Bus- und Bahnverbindungen oder auch Fahrgemeinschaften, und ins Ausland bringen einen inzwischen Budget-Flieger.

Ich habe mich vor allem auf Gegenden und Zielorte von Billigfliegern konzentriert. So haben wir im Grunde noch niemals mehr als rund 100 EUR pro Person für die Hin- und Rückreise bezahlt. Und unsere Verpflegung fällt eben je nach aktuellem Geldbeutel aus, wie zuhause kochen oder dann doch mal ins Restaurant...

Unsere Tauscheinladungen nach Australien, Kalifornien und an den Genfer See stehen noch offen. Für die Anreise dorthin werden wir noch warten, bis unser Budget das hergibt…

Ja, außer Anreise, Essen und der jährlichen Mitgliedsgebühr für die Tauschbörse zahlst Du nichts. Ortswechsel zum Nulltarif. Für Homelink, eine der ältesten Tauschbörsen am Markt, zahle ich ca. 120 EUR Gebühr im Jahr. Fotos meiner Wohnung stehen im Netz und ich bekomme Einladungen aus allen Teilen der Welt. Alles basiert auf Vertrauensbasis. Und es funktioniert! Vor allem aber lernt man dabei immer Land und Leute kennen und es entstehen großartige Freundschaften.

E.V.E.s auf Reisen heißt aber nicht zwangsläufig Reisen mit Kindern. Ja in der Tat. So manch eine E.V.E. schafft es tatsächlich, auch mal alleine oder mit einer Freundin zu verreisen und den Nachwuchs bei Papa, Oma oder der Tante unterzubringen.

Was für ein Gefühl! Für mich waren das sicher die seltsamsten Momente als E.V.E.

Ein Wochenende mit Sabine in London, ganz ohne Kinder. Zwei E.V.E.s allein auf Reisen. Weihnachten, Ostern und ein Sechser im Lotto sind nicht annähernd so reizvoll. Nichts kann das toppen. Was für ein Moment!

Niemals vergesse ich unsere Festtagslaune, als wir ins Flugzeug stiegen. Sofort ein Glas Sekt beim adretten Stewart bestellt. London wir kommen.

Ein Gefühl des WiewunderbaraufderWeltzusein macht sich breit. Reisen mit Täschchen und sieben Sachen. Ja! Nicht siebenhundert. Oh wie ist das schön. Welch' Leichtigkeit. Lachen. London naht. Der zweite Sekt leer. Bling, Anschnallzeichen leuchten auf, der Kapitän ist über Lautsprecher zu hören, Bitte suchen Sie ihre Plätze auf. Bitte anschnallen, der Flieger beginnt den Landeanflug.

Ein wohliges Gefühl stellt sich ein. London wir kommen. Endlich. Wir zwei Erwachsene. Zwei E.V.E.s.

Da plötzlich geschieht's: In dieser Riesenmaschine weit und breit kein Kind. In der ganzen Maschine? Nein. Ein einziges Kind leistet Widerstand. Wo? Natürlich Direkt vor uns. „Mamaaa, Maaaamaaa, muss pullern!!" ertönt es da.

Jäh werden wir aus unseren Tagträumen gerissen. Die Mutter löst den Gurt und reißt ihr Kind los, schnell noch zum WC bevor der Flieger in Sinkflug geht.

Schlau gedacht, wäre da nicht der adrette, gar zu strenge Stewart „Nein meine Dame, bitte behalten Sie Platz und schnallen Sie sich wieder an!" Der Startschuss für ein allzu bekanntes 20-minütiges Quengelkonzert des Dreikäsehochs ist gefallen.

Oh Mann, wie haben wir das vermisst. Es war ohnehin so ruhig im Flugzeug. Hätte ja was gefehlt. Naturgemäß stellt sich Mitgefühl mit der Mama vor uns ein, Mensch wie blöd aber auch, so streng muss der Typ nun auch wieder nicht sein. Hat er nun davon. Lärmpegel rauf, das arme Kind!

Doch da, ganz plötzlich Stille! Was denn nun? Das Flugzeug setzt auf, wir sind gelandet, totale Stille vor uns und ein warmer, allzu unangenehmer Gestank nach… Du weißt schon was, dringt durch die Stuhlreihen nach hinten. Oweia. Nur raus hier. England hat uns. God save the queen!

Ja mitunter bizarr, wie E.V.E. sich so ohne Kind fühlt. Man genießt die Zeit, aber ungewohnt ist es schon.

Ich werde nie dieses sonderbare Gefühl vergessen, als Sabine und ich bei einem Wochenendausflug ohne Kinder an die Ostsee gefahren waren und gedankenverloren und völlig entspannt stundenlang am Strand lang liefen.

Als wir völlig orientierungslos durch ein Seebad irrten, meinte Sabine so schön, „komisch, keiner schreit, ich hab' Hunger oder so…" „Was machen wir jetzt eigentlich? Ich meine, keiner will Pommes oder 'nen Döner und wir haben gar kein Ziel!" Was tun wir denn als nächstes? Wir blieben unvermittelt stehen und mussten lachen.

Unser Leben ist normalerweise so fremdbestimmt, ohne dass uns das überhaupt so bewusst war. Immer ist etwas zu tun. Und nun plötzlich hatten wir gar keinen Plan? Wie doof ist das denn?

Freiraum -> „Hä?" -> Wat nu?

Gottseidank war direkt vor uns ein Café gelegen, wir kehrten ein und genossen einfach warmen Glühwein. Wie schön mal EVEs auf Reisen ganz ohne Kind zu sein. Schön und einfach unglaublich ungewöhnlich. Sabine rief mir auf der Heimreise im Auto zwar kurz vor der Autobahnabzweigung nach Berlin zu „Komm, los, lass uns einfach umdrehen und ein paar Tage länger bleiben", aber das bekam ich natürlich nicht übers Herz und so schlug ich doch den Heimweg ein.

Unser Fazit: E.V.E. -Auszeiten ohne Kind sind wunderbar, völlig außergewöhnlich und einfach phänomenal.

Kleine kostbare Vitaminspritzen für den Alltag, in den man dann mental und körperlich gestärkt wieder zurückkehrt.

Gönne Dir, wo und wann immer Du kannst, mal eine kleine Reise nur für Dich. Allein oder mit einer Freundin. Egal. Hauptsache ohne Kind. Und vor allem ohne schlechtes Gewissen. Hauptsache weg. Luftveränderung ist Gold wert. Tapetenwechsel stärkt und macht Dich zu einer wirklich starken und glücklichen E.V.E.

10. E.V.E.S ERZIEHEN NATÜRLICH AUCH IHRE KINDER ☺ NICHT ZU VERGESSEN

Ja, beinahe hätten wir das vergessen. In der Tat. Die losgelöste und angeregte Unterhaltung und Diskussion über uns Mütter hat unsere lieben Kleinen völlig in den Hintergrund gedrängt. Nichts für ungut. Aber das hat uns schon zum Nachdenken gebracht.

Die Kinder kommen immer zuerst. So zeigt es zumindest unsere Erfahrung. Wie gut tut es da, plötzlich über sich zu sprechen. Über die eigenen Ziele und Wünsche.

Einer dieser Wünsche ist aber ganz sicher der, glückliche Kinder großzuziehen. Das Beste für unsere Liebsten zu wollen. Unterstützung. Die richtige Erziehung. Die richtige Ausbildung.

Eine Familie muss her für das Kind. Zumindest Familiensinn. Sind wir eine Familie? Wir zwei? Oder drei? „Mama, da drüben sitzt aber eine richtige Familie mit Papa am Tisch…“ So oder so ähnlich haben wir es im Restaurant vielleicht schon öfter aus Kindermunde gehört.

Der Wunsch, unseren Kindern trotz oder grade wegen der Trennung nun das Beste zu bieten sitzt verdammt tief.

Unsere Kinder sind ein Resultat aus einer Beziehung und dabei ist es ganz egal, wie lange diese dauerte, ob sie glücklich verlief oder vielleicht nur eine kurze Bettgeschichte war. Fakt ist, Du hast Dich für Deine Kinder entschieden.

Du bist nun eine E.V.E.. Ach ja, und das uns altbekannte „schlechte Gewissen“ meldet sich mal wieder gar all zu laut zu Wort.

Ich kenne keine Frau, die sich gewünscht hätte, ihre Kinder alleine zu erziehen, durchzubringen, zu begleiten. Da genau dies jetzt leider eingetreten ist, Du also ohne Vater alle erforderlichen „Maßnahmen zur Regelung eines geordneten Lebens“ treffen musst, ist die Gefahr sehr groß, dass Du Deinen Kindern genau aus diesem schlechten Gewissen heraus, z. B. viel zu viel Taschengeld gibst, sie zu sehr verwöhnst, ihnen jede Art von Belastung abnimmst etc.

Leider führt gerade dieses Verhalten oft zu großen Problemen, nicht erstrangig für Dich, sondern viel mehr für die Kinder.

Um Deine Kinder zu Menschen zu erziehen, die in der Lage sind, die an sie gestellten Aufgaben zu bewältigen, müssen sie von Anfang an daran gewöhnt sein, sich auch mal anzustrengen, Dinge zu tun, die sie nicht mögen und ihnen vielleicht auch schwer fallen. So sammeln sie Erfolgserlebnisse und Durchhaltevermögen.

Dadurch, dass Du, der Lehrer oder Arbeitgeber etwas von ihnen verlangt, sind sie später auch selbst in der Lage, etwas von sich selbst abzufordern und haben dadurch größere Chancen, erfolgreich zu sein.

Als Erzieherin, die in einer Schule arbeitet, habe ich sehr viel Direkt mit Kindern und ihren Familien zu tun. Ich erlebe aber immer wieder, das nicht unbedingt die Kinder, die in einer klassischen Familie leben, die zufriedensten Kinder sind, sondern vielmehr die Kinder, deren Eltern mit ihrem Leben zufrieden sind.

Es sind Eltern, egal ob verheiratet, geschieden, getrennt lebend, mit neuem Partner oder als Single, die mit ihren Kindern Spaß haben, sich für sie interessieren und sie ernst nehmen. Das ist in meinen Augen ausschlaggebend.

Wir müssen einfach aus unseren Köpfen bekommen, dass nur die eine Familienstruktur – Mutter, Vater, Kind – die optimale und gesündeste ist.

Das wichtigste ist ganz einfach: Finde Zufriedenheit mit Deiner jetzigen Lebenssituation. Ein wichtiger Punkt dabei ist natürlich, ein gutes Verhältnis zum Vater zu bekommen. Das ist wahrscheinlich nicht immer ganz einfach, aber um Deine Nerven zu schonen und für Deine Kinder eine entspannte Atmosphäre zu schaffen, sehr wichtig.

Die „gute Mutter"

Tja, wie sieht die gute Mutter denn eigentlich aus? Was tut so eine gute Mutter, wer entscheidet darüber, wer nun eine gute Mutter ist und wer nicht? Über diese Fragen müsste frau sich zunächst einmal grundsätzlich Gedanken machen. Dabei wird sie feststellen, dass dieses Thema gar nicht so einfach zu klären ist.

Fakt ist, jede von uns hat selbst eine Mutter und kann also mit eigenen Erfahrungen aufwarten. Natürlich wird es keine einheitliche Definition geben, da wir alle durch das Leben unterschiedlich geprägt wurden.

Trotzdem möchte jede von uns dem „Idealbild einer guten Mutter" entsprechen. Wenn wir uns aber nicht klar darüber sind, wie diese tatsächlich in unserem persönlichen Bild aussieht, laufen wir ewig einem Phantombild hinterher, dem wir nie gerecht werden können. Ähnlich wie ein Hamster in seinem Hamsterrad.

Die Gesellschaft führt uns ständig und überall die perfekte Mutter vor Augen. Nehmen wir Sprüche von Nachbarn, anderen Eltern, Ratgebern zur Erziehung (Tausende auf dem Markt) oder Werbung auf Plakaten oder im Fernsehen. Dort wird uns vermittelt, dass eine gute Mutter natürlich blütenweiße Blusen anhat, eine Frisur wie frisch vom Friseur, einen blitzeblanken Haushalt und natürlich immer die passende (gesunde) Süßigkeit, das passende (umweltschonende) Putzmittel und zuguterletzt den passenden Papa parat hat.

So und da stehen wir nun wieder. Tausenden von EVEs, denen vorgegaukelt wird, dass alles doch so einfach ist. Also müssen wir doch selber schuld sein, wenn bei uns nicht alles so glatt läuft. Wir müssten uns doch nur noch etwas mehr Mühe geben.

„Das bisschen Haushalt macht sich von allein, sagt mein Mann. Das bisschen Haushalt kann so schwer nicht sein, sagt mein Mann…..“

Was folgern wir daraus? Wir haben auch hier wieder die Wahl. Entweder strafen wir uns mit Selbstvorwürfen, jammern, leiden, versuchen noch mehr zu ackern und klotzen bis zum Umfallen. Wir schnitzen uns die Biopommes mühselig unter Hochdruck selbst oder wir finden einen Kompromiss.

Wir setzen uns erst einmal in Ruhe hin und schaffen uns unser ganz eigenes Idealbild, ganz nach unseren persönlichen Vorstellungen. Unabhängig von der Meinung anderer. Nur passend für uns und unsere Kinder. Was macht für Dich eine gute Mutter aus? Nur für Dich allein? Wie sollte sie sein? Was ist Dir wichtig?

Mir ist es zum Beispiel wichtig, dass ich meinem Kind ein Vorbild bin. Ich weiß, im Grunde ist es egal was ich sage, denn was ich tue ist letztendlich ausschlaggebend. Worte werden schon mal überhört, aber Taten zählen und werden bestenfalls ähnlich nachgelebt. Ich möchte als Mutter entspannt und erfolgreich sein, einer Arbeit nachgehen, die mich erfüllt und die mir Freude bringt. So habe ich auch mehr Spaß am Leben. Ich möchte gesund und glücklich sein. Ich will meinem Kind Vertrauen, Zuverlässigkeit, Höflichkeit und Integrität vermitteln. Ich möchte genug Kohle verdienen, um uns

Wünsche und Träume erfüllen zu können, um Zeitfenster für mich und mein Kind zu schaffen und um unabhängig, frei und selbstbestimmt leben zu können. Wenn ich das in meinen Augen schaffe, bin ich auch eine gute Mutter. Alles andere ist für mich eher Pippifax.

Unser E.V.E. Praxis-Tipp:

Entwerfe Dein eigenes Bild von einer guten Mutter. Was willst Du für Dein Kind sein? Sei realistisch. Keiner ist perfekt. Was ist Dir am wichtigsten? Kümmere Dich nicht um traditionelle Vorgaben, die uns unsere Umwelt und Medien uns aufdrängen wollen.

Und siehe da. Es fällt ein tonnenschwerer Druck von Dir. Du kannst und darfst Dich gut fühlen. Wir haben Ziele, die wir erreichen wollen, weil es unsere eigenen Ziele sind, von niemandem aufgedrängt. Wir sind E.V.E.s. Eigenverantwortlich erziehend.

Das passiert wahrscheinlich nicht innerhalb einer Stunde, eines Tages oder einer Woche, aber es passiert, wenn Du Dir die Zeit nimmst, mal darüber nachzudenken.

Du musst Dir darüber klar werden, dass Du von der Gesellschaft und auch ganz stark von dem Verhalten Deiner eigenen Mutter in Deinem Verhalten geprägt bist.

Das können ganz viele tolle Aspekte sein, aber mit Sicherheit auch die eine oder andere Marotte, die Du überhaupt nicht magst. Haben wir uns nicht als Teenager über die eine oder andere Eigenart unserer Mutter lustig gemacht, haben sie gar gehasst? Nie im Leben hätten wir gedacht, jemals so zu enden, wie sie.

Dann vergehen die Jahre und plötzlich trifft Dich die Erkenntnis, wie mit einem Hammerschlag: Du bist das Ebenbild Deiner Mutter geworden. Du verwendest dieselben Redewendungen („Dein Zimmer sieht ja aus wie bei Hempels unterm Sofa“), Du flippst bei denselben Dingen aus und Du kennst alle Texte der Lieblingssongs Deiner Mutter auswendig und singst voller Begeisterung mit.

Und jetzt kommt der Knaller: Indem Du Dir darüber bewusst wirst, hast Du wieder.. na was? Die Wahl !!!

Ändere Dein Verhalten, so wie es Dir gefällt. Achte darauf, was Du sagst und tust.

Gefällt es Dir? Dann mach weiter so! Gefällt es Dir nicht? Dann verändere mehr und nochmal und nochmal. Solange, bis Du dort angekommen bist, wo Du hin willst.

Du wirst so manches Mal überrascht sein, wie viele Dinge Du Deiner Mutter gleich tust. Aber Du wirst auch erkennen, dass einige altbewährte Lebensweisheiten durchaus immer noch zeitgemäß sind.

Ich persönlich gehe davon aus, dass jede Mutter versucht, ihr Bestes zu geben und sie in ihrer jeweiligen Lebenssituation nicht anders handeln kann, als so wie sie es gerade tut.

Schließlich war frau ja immer auch zum ersten Mal Mutter und konnte noch nicht auf eigene Erfahrungen zurückgreifen. An dieser Stelle ein ganz großes Danke an meine eigene Mutter.

Dennoch ist das Spiegeln des eigenen Verhaltens absolut wichtig! Werde Dir der Dinge bewusst, die Du tust und denkst. Sobald Du über Dich nachdenkst, und Dir einiges klar wird, kannst Du auch Dinge ändern.

Ich denke sehr viel darüber nach, wie ich meine Kinder behandle und wenn ich Fehler mache, gestehe ich das auch ein und entschuldige mich bei ihnen. Meine Kinder wissen, dass ich mein Bestes tue und dass Fehler ok sind und einfach passieren. So lernt man.

Es ist absolut wichtig, dass wir unseren Kindern sagen, dass Fehler sowohl bei ihnen als auch bei ihren Mitmenschen ok sind und dass sie keine Angst vor Fehlern haben müssen. Niemand ist perfekt. Und aus Fehlern lernen wir alle. Unser Schulsystem ist dahin gehend nicht sehr unterstützend, aber gut, wir können ja nicht alles ändern. Zumindest noch nicht.

Eine glückliche E.V.E. tut wirklich alles in ihrer Macht stehende für ihr(e) Kind(er), aber sie vergisst niemals sich selbst dabei. Wie oft neigen wir dazu, alles fürs Kind zu tun und nehmen uns selbst dabei völlig zurück. Das nimmt bisweilen Ausmaße an, auf die ich hier gar nicht weiter eingehen will. Kinder brauchen uns als Vorbilder, nicht als Diener. Also vergiss nicht Dein eigenes Leben, Dein Kind wird das niemals verstehen können. Es will ein Vorbild.

E.V.E.s sind Vorbilder für ihre Kinder

Hast Du Dir schon mal überlegt, was Dein Kind von Dir als Mutter fordern könnte? Ein Schulcoach für Kinder drückte mir einmal eine wunderbare Liste aus unbekannter Quelle in die Hand, die mich sehr berührt hat. Hier ein kleiner Auszug:

„17 Forderungen eines Kindes an seine Eltern:

- Scheue Dich nicht, im Umgang mit mir standhaft zu bleiben! Mir ist diese Haltung lieber, weil ich mich dann sicherer fühle.

- Nörgle nicht! Wenn Du das tust, schütze ich mich dadurch, dass ich mich taub stelle.

- Denke nicht immer, dass es unter Deiner Würde sei, Dich bei mir zu entschuldigen! Eine ehrliche Entschuldigung erweckt bei mir ein überraschendes Gefühl von Zuneigung.“

Die restlichen beeindruckenden Forderungen eines Kindes findest Du ausführlich auf **www.evesweb.de**

Wie oft geriet ich in eine Achterbahnfahrt der Gefühle zwischen dem Hochgefühl über ein kinderfreies Wochenende und der

Sehnsucht nach dem Kind gepaart mit Gewissensbissen, weil ich meine Zeit „scheinbar“ nutzlos vertrödele. Welcher Mutter geht es nicht mindestens einmal im Leben so? Überfüllt mit mütterlichem Gefühlsgepäck fällt es da schon schwer einfach loszulassen. Bin ich überhaupt eine gute Mutter? Geht es dem Kind überhaupt gut beim Ex?

Das Gefühl, auf einmal allein den Alltag mit den Kindern zu organisieren, kann am Anfang ganz widersprüchliche Gefühle in Dir aufkommen lassen. Zum einen liebst Du es vielleicht endlich Deine eigenen Entscheidungen treffen zu können, keine Kompromisse mehr eingehen zu müssen, keine halbherzig getroffenen Entscheidungen durchsetzen zu müssen.

Auf der anderen Seite kannst Du aber auch nichts mehr dem Vater der Kinder überlassen (wie hieß es früher so schön: Warte bloß bis Papa kommt!). Nein, im Ernst, Du bist jetzt zu jeder Tages- und Nachtzeit für alles verantwortlich. Das macht sehr viel Spaß, aber strengt natürlich ungemein an. Das Beste allerdings ist, Du musst eine Position zu jedem Thema einnehmen und das bringt Dich auf jeden Fall Deinen Kindern näher.

Im täglichen Herumwuseln fällst Du wahrscheinlich mehrere Hundert dieser kleinen Entscheidungen, kann ich morgen den grünen Minirock zum Schlittenfahren anziehen? Wie lange müssen die Nudeln kochen? Kaufst Du mir die Jacke für schlappe 399 EUR (!!) im Ausverkauf? Alle aus meiner Klasse bekommen das neue Handy 9xXYZ, wann bekomme ich es? Und so weiter und so weiter und so weiter und so weiter...

Es wäre natürlich für alle Beteiligten, sprich Vater, Kind und Mutter von Vorteil und auch wünschenswert, wenn ihr euch als Eltern absprechen würdet, Grundsatzentscheidungen in punkto Erziehung gemeinsam zu treffen. (Natürlich unbewusste) Versuche der Kinder, euch gegenseitig auszutricksen, könnten damit ganz schnell durchschaut werden und Du würdest Unterstützung bei

Entscheidungen finden.

Sollte eine solche Absprache mit dem Vater (noch) nicht gelingen, suche den Kontakt zu anderen E.V.E.s.

Wenn Du Dich mit anderen Frauen austauschst, werden Dir viele dieser Entscheidungen leichter fallen, da andere E.V.E.s vielleicht schon vor genau dieser gleichen Entscheidung standen. Das Rad muss ja auch nicht jedes Mal neu erfunden werden.

Profitiere vom Austausch mit anderen E.V.E.s

Unter **www.evesweb.de** findest Du auch einen Link zu unserer Facebookseite, dort kannst Du leicht mit anderen E.V.E.s in Kontakt treten, E.V.E.s in Deiner Nähe finden und einfach Erfahrungen und Wissenswertes austauschen.

Als E.V.E. setzen wir das Wohl des Kindes an erste Stelle. Das heißt für uns auch, dass wir alles dafür tun, um einen entspannten Umgang mit dem Vater zu erreichen. Wie viele von uns sind unfreiwillig E.V.E.? Und gerade dann fällt es uns nicht einfach, dem Ex überhaupt ins Gesicht zu blicken? Ganz zu schweigen von Dramen, Rosenkriegen und sonstigen Trennungsgeschichten, die leider zu oft passieren und Scherben hinterlassen. Wir sind alle Menschen. Alle. Und keiner ist perfekt.

Nun wissen wir aber, wie ungesund und nervenzehrend Dramen auf die Dauer sind. Für alle Beteiligten. Insbesondere für unsere Kinder. Unsere Kinder sind ein Produkt aus Vater und Mutter, also halb Vater halb Mutter. Das dürfen wir als E.V.E. niemals vergessen!

Als eigenverantwortlich handelnde E.V.E., der das Wohl ihres Kindes am Herzen liegt, müssen wir uns mit aller Macht dafür einsetzen, eine friedliche Lösung für den Umgang mit dem Vater zu finden. Das ist oft nicht einfach, aber es ist von grundlegender Bedeutung. Wir brauchen eine entspannte Situation, damit sich unsere Kinder entspannen können. Sie sind als Trennungskinder vor allem die Leidtragenden und brauchen jede erdenkliche Art von solider Struktur und Akzeptanz der Eltern. Wenn das Dein erklärtes Ziel als E.V.E. ist, dann wirst Du es auch in schwierigen, verfahrenen Trennungssituationen schaffen Dein Ziel zu erreichen. Denn Dein Kind ist Dein Ansporn.

Dein Kind braucht seinen Vater. Egal wie. Denn zu 50 % hat es die Gene seines Vaters. Und es kann nichts dafür.

Du hattest den Vater ausgewählt, nicht das Kind. Bitte vergiss das niemals.

Wenn Du dem Kind, den Zugang zum Vater verwehrst oder schlecht über den Vater sprichst, fühlt sich Dein Kind zu 50 % abgelehnt.

Das ist Tatsache.

Es ist so.

Auch wenn es für Dich vielleicht unvorstellbar klingt, weil der Ex vielleicht total unmöglich ist. Nein, es ist wirklich so. Ich war selbst Trennungskind und weiß genau, wie sich das anfühlt.

Dieses Thema ist so heikel und gleichzeitig enorm wichtig, dass wir hier noch viele Seiten füllen könnten, doch das würde den Rahmen dieses kleinen Buches sprengen. Ans Herz möchte ich Dir aber unbedingt den Rat des Coaches Gunnar Kessler legen, der nach eigener Erfahrung in seinem Buch „Die einfache Bedienungsanleitung für glückliche Trennungskinder – Was Mütter und Väter dringend wissen müssen, damit ihre Kinder nicht (mehr) unter der Trennung leiden“ zu folgendem Fazit für die Eltern kommt:

Gebt Euer Ego an der Garderobe ab und schaut, was Eurem Kind gut tut!

Gunnar hat sich nach eigener schwerer Trennung mit diesem Thema beschäftigt und praktische Lösungen entwickelt, wie Du als E.V.E. wieder einen normalen entspannten Umgang mit Deinem Ex finden kannst. Mehr Infos zu seinem Buch und Projekt „Glückliche Trennungskinder“ findest Du unter **www.evesweb.de**. Es lohnt sich unbedingt, wenn Du als EVE in solch einer verfahrenen und scheinbar ausweglosen Situation steckst. Denn eins ist sicher:

Es gibt immer einen Ausweg!

Auch wenn er Dir jetzt noch nicht wirklich vor Augen erscheint. Er wird sich zeigen. Als E.V.E. wirst Du sehen, dass Du auch diesen Punkt erfolgreich bewältigen wirst. Lass Dich überraschen.

Wenn Du es willst, wird sich ein Weg zeigen.

11. DA WAR DOCH NOCH WAS? E.V.E.S, MÄNNER UND DIE LIEBE

Ein Mann? Ja, na das wär doch was. Ich bin seit 5 Jahren Single. Und meistere mein Leben als E.V.E. Im Grunde habe ich etwas aus dem Blick verloren, dass es da noch die Spezies Mann gibt.

Nachdem mich alle Freunde und Bekannten immer wieder mit der fatalen Frage konfrontierten: „Und was macht die Liebe?“ und mir sogar mein Steuerberater empfiehlt, mich endlich wieder ans Dating zu machen – „Mensch Du arbeitest zu viel, Du brauchst einen Mann!“ – kam in mir unlängst das komische Gefühl auf, dass offensichtlich alle um mich herum, mich als UNVOLLSTÄNDIG ansehen.

Sonderbar nur mir ging's nicht so. Mir fehlt doch eigentlich gar nichts. Zufällig habe ich eine Arbeit, die ich gerne tue und die mich tagtäglich vor neue Herausforderungen stellt. Und zufällig genieße ich mein Mutterdasein mit meiner Tochter, die ich über alles liebe. Und zufällig wohnen wir dank eines „zufälligen“ Glücksfalls wunderschön in unserer Lieblingswohnung mit Ausblick.

Sollte ich mich also wirklich unvollständig fühlen? Fehlt mir wirklich was? Gerät der Wunsch nach Partnerschaft wegen zu viel Stress einfach so in Vergessenheit, dass ich schon gar nicht mehr weiß, wie es ist, mit einem Mann überhaupt zu flirten?

Nun ich kam nicht umhin. Wenn schon die ganze Welt um mich herum mich immer wieder auf dieses Thema bringt, und mich ständig versucht zu verkuppeln, sollte ich mich vielleicht tatsächlich einmal wieder dem Thema Mann widmen. Ich hatte keine Lust mehr, mit diesem subtilen Mitleid meiner Mitmenschen konfrontiert zu werden.

Eine Menge Fragen stiegen in mir auf. Warum hast Du Dich eigentlich nicht früher darum gekümmert? Fehlt Dir nichts? Meine Güte, wie kommt's? Bist Du mit Deinem Pensum so ausgelastet, dass sich nicht mal der Funke eines Gedankens an eine neue Beziehung einschleichen kann? Oder hast Du gar den Glauben an eine funktionierende Beziehung mit einem richtigen Menschenmann gar vollends verloren? Wie sieht's aus mit Spaß, Spiel und Leidenschaft?

Im Ernst, wären da nicht diese vielen, wunderbaren Menschen um mich herum, die mich immer wieder liebevoll daran erinnerten, dass es da noch was gibt, dann würde ich vermutlich noch eine ganze Zeit lang weiter die stille stolze Kämpferin geben.

Eine E.V.E., die für ihre glückliche Tochter alles tut, die in ihrem Job aufgeht und die sonst auch immer alles tut, tut, tut. Wow. Ja ich tue wirklich alles und rund um die Uhr. Das Pensum muss erfüllt sein. Dieses ewige Tun bringt ja jeden Mann zum Erblassen. Was für eine männliche Energie ist das überhaupt?

Immer nur tun und im Tun so aufgehen? Sollte ich als Frau nicht auch mal nichts tun und einfach nur SEIN?

Es keimten immer mehr Fragen in mir auf. Und mit ihnen das Gefühl, ja, leidenschaftlicher Sex wäre schon nicht schlecht, nur bitteschön in Kombination mit Liebe. Sex und erfüllte Liebe mit einem sexy Partner. Schon tanzten meine Gedanken Bolero und das Blut geriet in Wallung. Sehnsucht? Nein. Aber Lust...

Ist es nicht der Genuss am Leben, der das Leben erst lebenswert macht?

„Alter schützt vor Liebe nicht, aber Liebe vor dem Altern“

(Coco Chanel)

E.V.E.s Kontakte mit der Männerwelt

Es geschehen Zeichen und Wunder. Meine Kleine übernachtet endlich mal wieder bei ihrem Papa und ich habe tatsächlich zwei Tage kinderfrei. Und eine ganze Nacht.

Nun gut, ich verbringe den ersten Tag mit Arbeit und noch einem Geschäftstermin. Doch siehe da, der Termin entpuppt sich als Date mit einem wunderbar sympathischem Italiener.

Ach Du tanzt auch Salsa? Hör ich da, „Ja wat, na dann los.“ Und ehe ich mich versehe, ist es zwei Uhr morgens und ich falle erschöpft in die Federn. Muskelkater im Po und meine Beine spüre ich schon seit 1 Uhr nicht mehr, aber egal, Hauptsache durchgetanzt, denn morgen ist schon wieder Alltag.

Die Mama-Kiste eben. Geld verdienen, Essen machen, putzen, bügeln, organisieren bis der Arzt kommt. Und immer gutgelaunt versteht sich.

Wie geil, so eine Auszeit. Ich bin ja auch noch Frau. Stimmt ja. Ich wusste, da war noch was. Umtanzt, umschwärmt. Wow. Mensch Anja, Du Principessa, nun schlaf endlich mal gut. Morgen geht’s wieder ran an die Buletten. Der Alltag ruft.

Unser E.V.E. Praxis-Tipp:

Das beste Medikament fürs chronische Sich-selbst-Vergessen: Einmal im Monat raus auf die Piste und ab auf die Tanzfläche, Salsa, Samba, egal was. Beweg Dich, zeig Dich und hab Spaß, wenn die Männer Schlange stehen und mit Dir tanzen wollen. Lass die Diva raus! Leg Glitzer auf! Das ganze Leben ist Bewegung, also los, ran an den Speck!

Geht es Dir auch so, dass Du vor lauter Alltag, Arbeit, Kind und Kegel überhaupt vergessen hast, dass Du ja auch noch Frau bist? Und dass da draußen irgendwo ein Exemplar von Mann herumläuft und ganz verrückt nach Dir sein könnte? Und dass ihr verdammt viel Spaß miteinander haben könntet?

Oder glaubst Du, das ist ganz und gar unmöglich? Denkst Du am Ende gar, wer nimmt mich schon mit Kind? Glaubst Du das tatsächlich?

Dieses bedrohlich negative Vorurteil ist mir schon so oft begegnet und ich muss gestehen, diese Gedanken haben auch nicht vor mir Halt gemacht. Doch im Grunde sind sie kreuznegativ und eine Riesenblockade. Ein Kind ist doch keine Brandmarkung auf dem Heiratsmarkt! Im Gegenteil!

Es zeigt, dass Du in der Lage bist, als Mutter Dein Leben auch allein zu meistern! Es beweist unglaublich viel Kraft und Courage und Du solltest Dir bewusst werden, wie attraktiv das auf einen Mann wirken kann! Auf einen starken attraktiven Mann!

Wünschst Du Dir eigentlich eine neue Partnerschaft? Oder hast Du die Schnauze voll von Männern? Wurdest Du so verletzt, dass es Dir schwer fällt, wieder Hoffnung zu schöpfen, einen passenden Partner und den Glauben an eine gesunde, gut funktionierende Beziehung zu finden?

Was willst Du wirklich? Was wünschst Du Dir? Schon mal darüber nachgedacht? Wie soll er sein, der Typ, der Dich verführen könnte? Wie soll Dein Leben aussehen in den nächsten Jahren?

Was willst Du als E.V.E.?

Fragen über Fragen. Doch es ist absolut wichtig, darüber nachzudenken und dieses Thema nicht ins Abseits zu schieben. Dein Kind wird es Dir danken!

Was bedeuten Deine Trennung und Dein Leben als E.V.E. für Dich? Was ist der positive Punkt, den Du darin erkennen kannst? Ja, positiv! In jedem Drama liegt ein Anfang und auch in jedem chaotischen Megastress birgt sich ein Samenkorn für ein neues Leben.

Kannst Du Dein Leben als E.V.E. als Kraftprobe sehen? Um Dich von Deiner Dir ganz eigenen, innewohnenden Kraft als Frau zu überzeugen? Siehst Du, dass Du trotz vieler anstrengender Tage doch immer noch da bist und in den Spiegel schaust und Dich wunderst, wie Du das alles schaffst? Sehe ich da ein Lächeln?

Ja, es ist eine Phase, in der Du Dir selbst beweisen kannst, dass Du als Mutter unglaublich stark bist. Und somit auch als Frau!

Du meisterst Deine Rolle als E.V.E., Du bist unabhängig und keiner macht Dir was vor! Du kümmerst Dich allein um Dein(e) Kind(er)! Und um den Job, die Miete, die Rechnungen, die Freunde, die Schule, die Hausaufgaben, das Essen, die Kisten hoch- und den Müll runterschleppen. Wer kann Dir eigentlich noch was vormachen? Niemand.

Als E.V.E. haust Du doch jeden Mann aus den Latschen. Und nein, er rennt nicht weg, weil Du zu stark bist und er lieber ein dummes Trötchen hätte. Den Mann, den Du willst, der will genau so eine starke Frau wie Dich. Weil das sexy ist. Weil ihr auf Augenhöhe seid. Und weil das Reibung bedeutet...

Alles andere ist langweilig.

Männer wollen sexy Frauen, die sich wohl in ihrer Haut fühlen. Punkt.

Sie wollen Frauen, die wie Du innerlich stark sind und genau wissen was sie wollen und die äußerlich sinnlich und weiblich „schwach" sind und nicht immer unbedingt den starken coolen

Maxen rauskehren wollen. Ja, ich denke, das ist es: Innen stark, außen schwach.

Alles andere ist Firlefanz. Und noch was:

**Männer suchen.
Frauen zeigen sich und lassen sich finden.**

Und haben Spaß dabei. Lass den Mann suchen. Es ist sein Bier. Mach's ihm einfach und sei da, wo er Dich findet. Gib ihm ein Signal, er kann keine Gedanken lesen. Ein Lächeln genügt. Lächeln ist ein universelles Zeichen, das wirkt in Timbuktu wie in Shanghai. Und ja auch in unseren Breitengraden. Lächle.

Tu's einfach. Und wenn Du Dich traust: Blicke ihm frontal in die Augen, wenn er Dir gefällt. Drei lange Sekunden. Dann steht er in Flammen. Im Ernst, eine E.V.E., die einem Typen drei Sekunden lang frontal in die Augen blickt und dabei lächelt, das entwaffnet jeden Mann. Erfordert Übung und Courage, aber macht Spaß. Und funktioniert.

Ungeachtet des Themas Männer: Kümmere Dich darum, dass Du Spaß dabei hast, ganz genau herauszufinden, was Du willst. Was macht Dir Freude? Welches Hobby? Welche Arbeit? Was tust Du gerne? Dann tu's! Egal was, tu's einfach, wenn es Dir gut tut.

Sei egoistisch. Kümmere Dich darum, Dich selbst wohl zu fühlen. Freue Dich über Deine Kinder! Freue Dich, wenn Du mit Freunden unterwegs bist! Hab Spaß! Genieß das Leben!

Und verschwende dabei keinen Gedanken in Sorge darum, ob es da wirklich einen passenden Mann irgendwo gibt.

Es gibt ihn. Glaub mir. Er ist da draußen und er taucht genau dann auf, wenn Du nicht damit rechnest.

Es funktioniert. Warum ich mir so sicher bin? Mir ist es genauso ergangen und ich bin dem lieben Gott dankbar dafür! Erst vor einigen Monaten kam es genau so, wir hatten das Manuskript zu diesem Buch noch gar nicht fertig. Es ist unglaublich, aber wahr. Und es ist kein Ausnahmefall: einigen Bekannten von mir ging es ebenso.

Hier wirkt das Gesetz der Anziehung in Perfektion.

Wenn Du suchst, wirst Du immer mehr Situationen und Gefühle des Suchens anziehen und das nimmt nie ein Ende.

Also

Hör auf zu suchen!

Wenn Du stattdessen Deine Suche nach einem Partner einstellst und Dir in Gedanken ausmalst, wie Dein Idealpartner irgendwann mit Dir zu zweit durch die Gegend marschieren wird und was ihr alles tun werdet, dann strahlst Du plötzlich eine ganz andere Energie aus. Nämlich Vertrauen, dass alles ok ist, so wie es gerade ist. Zufriedenheit mit Deinem Leben. Spaß und Freude. Und Offenheit für einen Partner.

Gleichzeitig fühlst Du Dich aber rundum wohl auch ohne Partner. Du fühlst Dich eben nicht unvollständig, sondern erfüllt von dem ereignisreichen Leben einer E.V.E.

Fühle Dich vollständig und Du wirst einen ebenbürtigen Partner anziehen, der an Deiner Seite gehen wird.

Lerne erst, Dich selbst an erste Stelle zu setzen, dann kommt ganz plötzlich jemand in Dein Leben, der das auch tut.

Lerne erst, Dich selbst zu lieben, dann ziehst Du auch mehr Liebe in Dein Leben.

Erst wenn das Thema Mann nicht mehr Nummer 1 ist und Du wichtigeres zu tun hast, das Dir Spaß macht, dann werden Männer Schlange stehen, die Dich zu ihrer Nummer 1 machen wollen.

Männer sind das Salz in der Suppe, nicht die Suppe !

Meistere Deine Unabhängigkeit und Rolle als E.V.E., das ist Aufgabe Nummer 1. Wenn Du alles im Griff hast und es Dir gut geht und Du das auch ausstrahlst, wirst Du sehen, wie attraktiv Du auf jeden Mann wirkst.

Lächle. Und genieße es. Alles weitere ergibt sich von selbst.

Auf **www.evesweb.de** findest Du weitere Tipps für E.V.E.s für mehr Spaß am Flirten! Flirten bedeutet, das Leben zu genießen. Mehr nicht. Es ist eben das Salz in der Suppe unseres Alltags. Und so ganz ohne Salz schmeckt die Suppe auch nicht....

12. E.V.E.S „GOLDENE GRUNDSÄTZE“

Das Wichtigste zum Schluss, lebe

- Keinen Tag ohne Liebe
- Keinen Tag ohne Lachen
- Keinen Tag ohne Entspannung
- Keinen Tag ohne Dankbarkeit
- Keinen Tag ohne Genuss

Diese Grundsätze begleiten uns Tag für Tag, beherzige sie und sie werden auch Dein Leben verändern.

Oder auf neudeutsch:

„Learn to be an expert in feeling good“

Was macht also jede E.V.E. aus?

1. E.V.E.s sind sexy
2. E.V.E.s haben Spaß am Leben
3. E.V.E.s sind gelassen
4. E.V.E.s wissen genau, was sie wollen
5. E.V.E.s lieben Kinder, Männer, das Leben
6. E.V.E.s agieren, statt zu reagieren
7. E.V.E.s halten zusammen
8. E.V.E.s sind gemeinsam stark
9. E.V.E.s geben niemals auf – Nie! Nie! Nie!

Wenn wir uns nur eines wünschen dürften, das dieses Buch zu bewirken vermag, dann wäre das sicherlich, dass Du Dein Wesen als stolze und starke E.V.E. entdeckst, als Meisterin Deines Lebens als Mutter.

Dass Dir klar wird, wie viel Macht Du in Händen hältst, Dein Leben bewusst und eigenverantwortlich selbst zu gestalten, dass Dir bewusst wird, dass Du eben nicht allein bist und auch niemals alles allein bewerkstelligen musst, sondern dass Du sehr wohl Hilfe und Unterstützung von anderen annehmen darfst, kannst oder sollst, dass Du mit Humor manches einfach leichter überleben kannst und dass Du alles, was Du aus diesem Buch an neuen Erkenntnissen erworben hast, nutzt und anwendest, um allen E.V.E. s, die Dir nahestehen, zu helfen.

Solltest Du Dich in all den beschriebenen Situationen nicht wiedererkennen, so hast Du das Buch eigentlich umsonst gelesen und kannst stolz auf Dich sein. Vielleicht hat es Dich aber auch nachdenklich gemacht und Du kannst Dich auf kommende Situationen besser einstellen.

Auf jeden Fall hoffen wir, dass Du Spaß beim Lesen hattest und wir uns auf **www.evesweb.de** bald wiederbegegnen.

Besuch' uns, gib uns Feedback und erzähl' uns Deine Geschichte. Wir freuen uns drauf.

13. E.V.E.S SAGEN DANKE

Wir danken Dir, dass Du unsere Zeilen gelesen hast. Das ist eine große Ehre und bedeutet uns sehr viel.

Wir danken dem Leben, unseren Kindern, unseren Eltern, allen Menschen und Situationen, mit denen das Leben uns konfrontiert hat. Sie haben uns zu den Frauen gemacht, die wir heute sind und das ist gut so.

Das Leben ist wunderbar.

Danke.

E.V.E.s kleines „Gutenachtgebet“:

„Lieber Gott schenke mir glückliche Kinder, Gesundheit und Gelassenheit, einen Babysitter, der immer kann, eine Putzfrau, die mein Chaos liebt, einen Nachhilfelehrer für Mathe, der es mit den Launen einer hartnäckigen 13-jährigen Rechenkönigin aufnimmt, einen Teppichreiniger, der meinen Shaggy wieder weiß kriegt, einen Chauffeur, der die lieben Kleinen zu all ihren Terminen und Verabredungen fährt, einen Frisör, der einen neuen Menschen aus mir macht, eine kosmetische Expresspflege, die nachtschwarze Augenringe tatsächlich hinfort zaubert, einen knackigen Masseur, der mir in Vergessenheit geratene Muskeln in Erinnerung bringt, einen Personal Trainer, der mich von unter 0 auf 100 und von zu viel wieder auf mein Wohlfühlgewicht bringt, einen charmanten, gut aussehenden Mann, der mich zum Lachen und einen knackigen, sexy Typ, der mein Blut in Wallung bringt, gerne auch in einer Person (die Hoffnung stirbt zuletzt), einen Urlaub auf einer Südseeinsel, Sonne, Zeit und bitte das Geld, um all das zu bezahlen.“

E.V.E.

ÜBER DIE AUTORINNEN

Anja Dieckmann stammt ursprünglich aus Nürnberg. Sie studierte Linguistik in Berlin und hat nach einer Ausbildung im Neurolinguistischen Programmieren ihre Leidenschaft für das Coaching von Frauen entdeckt, die in ihrem Leben etwas ändern und sich persönlich weiter entwickeln wollen.

Sabine Strelow ist Ur-Berlinerin und seit jeher von ganzem Herzen als Erzieherin tätig. Sie liebt ihren Beruf, den sie mit Kindern aller Altersgruppen ausgeübt hat, u.a. als Leiterin eines Kinderladens, in der Krippe, in der Schule und aktuell als selbständige Tagesmutter einer eigenen Großpflegestelle.

Beide leben und arbeiten in Berlin. Als alleinerziehende Mütter gründeten sie die Internet-Plattform E.V.E. – Endlich Voll Entspannt als Single Mom auf **www.evesweb.de**

E.V.E. ist ein Gedankenexperiment, das mit der so negativ besetzten Bezeichnung „Alleinerziehend" Schluss macht und Singlemütter dabei unterstützt, ihre weibliche Kraft in der intensiven Zeit als Single Mutter zu entdecken und zu entwickeln, um stark und selbstbewusst, erfolgreich und glücklich aus dieser Lebensphase hervorzugehen.

Humor und Selbsthumor sind für sie dabei die wichtigste Basis, um eine positive Veränderung der Lebensumstände im Alltag von Alleinerziehenden bewirken zu können.

26213490R00085

Printed in Poland
by Amazon Fulfillment
Poland Sp. z o.o., Wrocław